兩代的

沉思

羅星珞、黃美煖
羅時芳、羅時菁　著

在黃花遍地的挪威村屋前，不知這是白晝還是白夜

這可是大仲馬所說的黑色郁金香？

繁花似錦的映山紅杜鵑

你可想去雲南的叢山裏尋覓大樹杜鵑的蹤跡

在觀測海上颱風後歸航的無人飛機

與星月交輝的白色地被菊

盧舍那，我瞻望著你，你總使我靜定恒常

夏日街景

洗硯圖與瓶竹圖

迂迴在人生的山路，不知所釀可堪入喉！
（老爸畫徒涉，妹妹畫陳釀）

人因學習而使認識、思維、反映知識結構的能力不斷提伸發展，有能力將感悟的材料加以改造形成概念和理論系統，使知識進入更高的層次。也逐漸感受到美與真常是統一的；知道美的理論常闡釋了真，而正確的理論在結構上總是簡潔又美麗的，科學家與藝術家眼中的世界雖不盡相同，但在進入了較高層次的思維中是會發現科學與藝術、真與美竟有著一片統一互補的廣大區域！

後來在研究機構從事計畫管理及技術推廣工作上也感受到技術的發展成效和經營的策略環境有著千絲萬縷互為因果的牽扯關係，也試著去思考探索它們的相關…。總之，世間之事都有關連，我認為在學習與閱讀上，人是不必劃地自限的。

多少年來，從在野地裏持槍翻滾，攀爬到在工廠或研究機構的工作檯前孜孜不息，工作的內容雖有不同，但閱讀與學習的興趣心境卻變化不大，總是從一個較寬廣的範圍去學習，去看自然、看環境或將反思抒為文字，生活的感觸雖有屬風花雪月，但工作的省思倒是擷自專業學者意見與經驗的積累，斷簡零章蔽帚自珍之餘也總想將這些傳遞出去…。

我一直在尋找嘗試不同的寫作和表達方式，希望它既能表達感觸、想法又能使人願意閱讀，不過我到底不是一個好的寫手，甚至寫白話詩時都還是習於移用一些舊的語言，未能跳出習慣的臼巢；對此我想借用維根斯坦的一句話來自況，維根斯坦曾經這麼說：「我寫的一切是如此差勁，沒有一點光芒。如果你看到光，那麼這道光一定來自作品的『後面』。」

作品的「後面」是什麼，不是那一個人，而是一個「靈魂」，它表現得自不同生靈、文化的精神傳承，它存在在一朵花、一句銘文、甚至是一個人的沉默或吟詠裏，那一切使人內心產生漣漪的感動，能留在人的記憶裏並傳遞出去就是永恒。

　　在科學技術與人文領域，我到底沒有受過較高學程的教育訓練，當然難有較好的文字產出，若果有也僅是一點碎金零玉；不過我們家年輕一代的成員時芳、時菁他們終能擺脫種種圍限，而有機會在主流的教育體系中學習成長，現在也受著較高階的研究訓練；他們也都是好學深思的人，我看了一點他們的學習作業，覺得很有意思，說服他們將較普及性的或雜述挑出來一起集結成冊，作為一個家庭共同耕耘的成果。

　　當然在一起生活的人，思想習慣的好與壞都是互相影響感應而會傳承的，在不同的篇章裏就會看到相同的優點與毛病。不過凡事有可取總也有可批之處，一切瑕疵，應不會掩蓋我們想與人分享或傳遞給人一點好想法的善意。我想每一個人在他的人生旅途應都會撿拾到一點生命的黃金，或得到幾枚甘甜的果實，請不要吝嗇的傳遞給人與家人朋友們共同分享吧！

撰文者：羅星珞

一、白夜的省思——
山路好走呢！還是平路。

有一年夏天，在遠北挪威的鄉間漫遊，在這個靠近北極的國度，有著異乎尋常的景觀。這兒隨處可見險峻的山巒，蓊翳的森林，雖是夏季，但山溪湖面卻還浮著層層冰磧；山之色，水之聲，風物之瑰麗雅致，皆無可名狀。對初涉之人，真是足以攝招魂魄，顛倒情思。

一回，看到山頭皚皚白雪之下，一潯冰瀑，如壁毯一般高掛山壁，飛濺的雪水閃閃發光，有若飄舞的絹衣。為追尋這幅美景，順著山道彎進一個小村，村子十分寧靜，甚至有點淒清，轉了幾圈，路上竟杳無人影，只是偶而小屋鮮麗的窗帘隱約透出一點暈黃的燈光。

山崖雪瀑如鍊，村外黃花似錦，站在清冷的空氣中，看著仍在天際迴旋的白日，窗櫺裏閃爍的燈光；時空錯置的印像竟使我有些迷惘，不知今夕何夕，身處何時，身在何處，恍如迷失在另一個世界裏。

在七月，山溪湖面
還浮著層層冰磧。

遊伴喟然說：「太晚了，人都睡了。」我纔醒悟到，這原是北國夏日長晝的白夜時光，我們雖未秉燭，但的確是在夜遊呀！

回來後，我向朋友述說這段經驗和迷惘，朋友沉吟半響說：「你知道的，我們都是習慣用探索知識的癖好來剖析生活的；法蘭西斯‧培根的洞窟幻象說或可為此作出詮釋；培根說：『一個兒童長久被幽居在洞窟裏，當一天跑到外面去，他一定有許多奇特的謬想。』我們的思想心理是幽居在習慣的洞窟內的，自然也有許多先入為主的錯誤觀念。納西族語文學家李霖燦先生說過一個故事，年輕時他在麗江木里山區研究民俗。一回，他問嚮導說『走山路容易，還是走平地容易？』嚮導回答說：『山路好走多了。』他不覺一愣，相同的問題接著問了好多人，都說山路好走，平地不好走…，他心裏一直嘀咕著這個答案。後來回到重慶，跟一位解剖學教授談到這個故事，教授想了想告訴他說：『爬山時用的腿部肌肉和走平路用的是不同的，爬山時腿部是提的動作，走平地要用邁的動作，不同地區居民走路的習慣不同，肌肉較發達的部位該也不同。』」

「這種狀況在一些曲詞中也是可以看出來的，金沙江的民歌唱詞說：『一小哥提腳何方來！』而平劇的道白卻是『邁開大步向前奔。』人類的認知，好惡與生活的經驗習慣是有關的。」

他的解說令我豁然開朗，是的，他說得好，不論中外，人的認知是有其侷限性的，羅哲爾‧培根在「工具論」提到人類思維的偏執，而法蘭西斯‧培根「新工具」的洞窟幻象說更點出了這種謬誤根源，親愛的朋友，山路好走呢！還是平地好走呢，你說呢？對人云亦云的所謂真知，有時也需再作省思的。

撰文者：羅星珞

二、掇菊琑憶

在金門服役時，緊貼著駐地班堡的土丘，蔓生著一大片綠意盎然的地被菊。在秋末朵朵白色小花開了，好燦爛，整個土坡點綴得像塊素錦；在有月亮的夜，晶瑩的天光與銀白的花色相互輝映，看來白花花的。我對旁邊站崗的士兵說：「安度，你看這片花，是不是像下霜。」他說：「排長，花開了，晚上站崗亮很多，不再覺得這兒一片黝黑。」

移防前，有天想將蔓生到堡頂的部份清掉，方便移防點檢。才翻開花叢，突然看到半截傾倒的石碑…。上面寫著「湖南楊○芬女士」心頭突覺一驚，記憶拉我回到半年前；一天午後，看到一個陌生的軍人在土崗旁四處張望，我走過去問他找什麼，他說，表姐以前在這當護士，炮戰時死了，據說是葬在這附近。我告訴他，這營區沒有墳，在路口坡下有幾塊不知幾時丟棄的石碑，你可去看看；彎過去對面的土崗倒有，他道聲謝就走了…。

那夜風很大、很冷、在班堡裏我默默為我的芳鄰默禱，忍不住翻讀著案頭的詩稿：「昨夜星黯朔氣寒，更深叢岩暗處似有聲聲怨，疑真似幻兩三聲，唉唉悽聲似聞人道孤鬼嘆！塞上行戍客死幾多人，荒地的鬼魂啊！我勸你今夜多加衣！」心裏唸著唸著有著莫名的惆悵悽愴。

一個深秋的薄暮，在老家附近的花圃閒逛，看懸著風燈的棚屋桌上放著一碟膠質小花，每一朵都堅挺完整，白裏透紅。我問看園的姑娘說：「這是你的手工？」他笑著說：「不，這是真花，叫麥桿菊，花瓣上有臘質，所以不會凋萎。六月我擷下來放著，都快三、四個月了。」說著就給我幾朵，我在手上把玩半天，總覺得花質花形有點以真還假似假還真的真假莫辨。我

告訴他說：「書上說在蒙古的草原上有種小花叫磯松，它的花瓣質地有點像紫色的絲絹，花是不凋的，想不到這兒也有不凋的花朵。」他笑笑說：「花草的種類真是太多了，隨時都會聽到看到一些新的種類。」

有一年七月，在挪威康斯堡，每天上下班都會經過一段開滿黃色野花的山坡，接送我們的挪威小姐麗姐是位細心體貼的人，她有時會停車在路邊擷取一些帶回客寓，為我們的瓶花換新，我們問她這叫什麼？她說：「這叫『Dandelion』在挪威的野地裏就這種花最多。」後來我知道它的中文名字叫蒲公英，是一種可食用的小野菊。回來後有天經過龍門，看到路旁草坪蔓生著一朵朵黃色小花，仔細一看竟是蒲公英，只是花型較小，而這個時節卻是早春三月。

白菊木

又一年在西嶼做衛星定位測量，野地裏到處都是鋪天蓋地的野菊，在六月嬌陽下這種色澤鮮黃夾雜著橘紅色斑的花，盛放時總給人一種炙人的感覺，同行的「陳」困惑的問我大熱天怎麼會有這麼多的野菊花！我告訴他這是天人菊又叫六月菊，也跟他

說起一些有關菊花的記憶，我說：唐末的黃巢有首詩——「颯颯西風滿園栽，蕊寒香冷蝶難來，他年我若為青帝，報與桃花一處開。」認為西風起時菊花才開是一種片面的認知，像春節時滿街滿巷的「台紅」、「日黃」這些菊種該是可與桃花同時開的了。我也告訴他說菊花有二萬多種，雖然大多是草花，但也有木本的，在四川、雲南有些河谷地生長的白菊木、櫨菊木就是可以長到五、六米高的喬木型菊花。

他聽了笑著說：「老哥，我以前真是以管窺花了，現在才知道菊花的世界竟是這麼多樣。」

蔓生的野菊花。

我常想靖節先生的「採菊東籬下，悠然見南山。」千古傳為美談，令人艷羨；而我掇菊的記憶卻五味雜陳餘韻遒迴。不過我知道我是愛菊的，因為在很多個午夜迴夢裏，我似又在海隅一角看到與月光輝映的一坡銀白，在北國的曠野裏看到那大片大片搖曳的黃花。

撰文者：羅星珞

三、黑色鬱金香的探索

初次見到黑色鬱金香是在一九八五年北歐的旅途。

一個清晨，隨著一群血色鮮麗的娜威姑娘在奧斯陸閒逛，在民俗博物館的屋角，我看到「它」，「啊！」我脫口而出：「鬱金香，黑色的鬱金香！」在耀眼的陽光下，朵朵玄色的花朵，笑靨迎人的向我舒展，在古樸的石牆襯托下顯得鮮新

雍容窈窕又脫俗，乍見的驚喜使我在它近旁徘徊流連，不想離去。這次初遇，竟讓我有難抑的激動，許久都不能平息，在旅邸我的思緒在回憶的山路盤旋轉向一個久遠的故事：──大仲馬「黑色鬱金香」小說的章節…。

年輕的拜爾勒，苦心培育出三粒鬱金香黑色球根，他相信會開出黑色的花朵，可是命運卻讓他陷身在黑獄裏，他懷著球根，每天但望著囚窗外隱約飄過的白雲，傾聽幽暗甬道裏的蹬蹬跫音，沈思幻想著球花的苗生綻放；大約就在這時他認識了獄卒的女兒羅莎，他央求她把球根種下；後來羅莎來告訴他，球根栽後已開花了，是黑色的，她把花給他看，果真是一朵黑色鬱金香花。

神秘動人的故事在內心邅迴，也引起我探索的興趣，很長的時間我在相關的書籍尋覓瀏覽，我瞭解到鬱金香是由斯里蘭卡經過土耳其傳到歐洲的，也知道在荷蘭、法國鬱金香激起了一波又一波的熱潮，許多人變賣產業改行種植或販賣鬱金香。當時一個叫「副花王」的品種可以換一千二百斤麥子，一個老板為兌換一個特有的品種，付出他的啤酒廠。大家都把眼光盯在新奇的品種上，都想培育出稀有的品種。

這些異常的記載，使我想弄清楚故事裏真實和虛擬的不同

部份，但是我知道，小說的章節是揣摩不出黑色花朵的秘密。我試著閱讀植物學的文獻，我讀到米丘林的遠緣育種說，他說：

——用遠緣雜交，會造成生物遺傳狀況的不穩，加入一些外在原因會引起性狀的變異。也讀到約翰遜的表現型遺傳和摩耳根的基因說法，心想這或許可作為產生黑色花朵原因的解釋吧，但總覺得不夠清楚。直到有一天看到一段話：

「開花植物是靠鮮艷的花色；甘甜的花蜜吸引昆蟲傳播花粉繁衍後代，如果花色不鮮艷就不能吸引昆蟲，就會在生存競爭中淘汰滅絕，因此沒有黑色的花朵。」

大仲馬可是開了我一個玩笑！。

這趟異國之旅我竟真見到了黑色的鬱金香，怎麼會不激動呢！

回來，跟朋有聊到這些故事，他告訴我，現代植物組織培養的技術，可選用鬱金香的心葉或鱗莖培育出成簇的種苗，你看到的黑色郁金香是可以複製的，可是我們沒有種花…，他也給我一篇資料，上面說：有人用4200種開花植物來看顏色分佈，白花最多有1193種，黃花有951種，紅花有523種，藍色的有594種，紫色的有307種，綠色的有153種，橙色的有50種，茶色的有18種而黑色的只有8種，而黑色還都是紫黑色的…。

後來他帶我到田尾去逛花圃，一個一身火紅長得像朵玫瑰的姑娘捧給我看一株黑中透紫的玫瑰；可是在這沒有看到黑色的鬱金香。

好些年過去了，有一天，心血來潮的問學生命科學的小妹妹這個問題，他說在他參與研究的課題裏有一個步驟，是將白老鼠特有的基因密碼剪接到單細胞生物（細菌）裏讓它繁衍…。或許藉助基因的剪接育種可以創造出黑色的種花。他的說法讓我有

一點明白；可是他又說，在研究院的實驗室裏，他是個實習的學生，只能像個小奴隸般聽話做事，不能有營私的實驗設想。

民俗博物館前的黑色鬱金香

我想他告訴我這些已經很夠了，這讓我瞭解，科學的成果不僅是像萊亨巴哈說的，是要編織一個像網罟的理論來捕捉，也是可以用觀念的剪刀去剪接創造的。我相信，有一天，會有人能從那棵黑色的玫瑰花，從您窗台玄色的朱堇身上擷出黑色的密碼，圓一個追尋黑色鬱金香的長夢。

撰文者：羅星珞

四、語言的省思

　　語言是思想、情感、文化的載體，人要傳遞思想，語言起著描述和解釋的作用。語言隨承載的意義而有單義與多義之分；語言學家解釋說：──語言的正常負載意義是語言的常規意義[conventional meaning]，通常是單義；語言中要通過聯想、推想或語境才可獲得的部份，可以看作語言的超載部份，語言的超載意義就是語言的含義[implication]常是多義。

　　一般社會行為的語言、科學的語言其負載的意義是語言的常規意義，這種語言說者與不同的聽者對陳述的理解是相同的，有人名之為公共語言，蓋其語意之認知有共通性也。

　　在知識發展的過程裏，語言不僅是一種表述也是一種思維方式，學習某一領域內的知識，能在這一領域內進行有效的思考，和學會這一領域的詞彙和語言技能基本上是同一件事。例如學會了物理學的專業術語並學會了使用它們就等於學會了物理學。

　　情感的、文學的、美學的詞語中有歧義、隱喻、僻論──等等非屬字詞限定意義的超載部份，此等多義詞語可啟發聯想營造境界，在文學創作中非常重要，像詩的創作裏就藉歧義與聯想營造出幽深綺麗質樸種種不同的境界。

布雷克（W.Blake1757-1827）的詩

To see a world in a grain of sand
And a heaven in a wild flower;
Hold infinity in the palm of your hand
And Eternity in an hour.

陳之藩的漢譯

一粒砂裏面有一個世界，

一朵花裏面有一個天堂，

把無窮無盡握於手掌，

永恒寧非是剎那時光。

周夢蝶的詩

當第一瓣雪花與第一聲春雷

將你的渾沌點醒——

眼花耳熱

你底心遂繽紛為千樹蝴蝶。

這兩首詩營造的境界含義已超越了字詞表象意義的侷限。

塞繆爾（Samue Beckettl1906-1989）認為「風格是思想的外衣。」這可以泛指所有的語言使用狀況，物理學家狄拉克（P.Dirac1902-1984）的科學論述說理清淅，幾乎不夾雜多餘的東西，楊振寧說他秋水文章不染塵；符號學大師艾柯（Umberto Eco1933-）的著述曲折深邃宛如迷宮，可是卻有著許多東西可探掘引申，不同的語言表述反映了不同的心靈。

情感的、文學的、美學的語言風格更是明顯多變——。

陝北的民歌

一鍋羊肉半鍋油；

我想妹妹的心思濃稠稠！

郁達夫的詩

> 打開我滿佈蛛網的心窗，
> 封進你青春美麗的記憶！

相同的這都是寫在惦念心上人，可是語言顯現的不同格調反映了使用者不同的性格、思維方式、及文化特徵。

符號邏輯學者李查圖（德藉—曾任教輔大數學）對人使用不準確或含混的語言很不以為然…，但對文學美學語言的評價卻另當別論，他說過一句話：「詩的語言，可能可以傳遞更多永恒的價值！」

在個人情感的記憶與反思的內在交流中，悲歡的思維語言是鮮明的，但在自我的陳述中很難使別人感受那種悲歡，說者的意圖和受話者對意圖的瞭解可能存著差異，語言的認知效果無法保証。因此這種語言有人名之為私人語言。一句名言——維根斯坦說：「痛苦是一種私人語言。」意謂個人的痛苦很難以語言使人完全理解感受，但有的人語言表達能力很強，領會其義者就有普遍性，就可能被恭維說：…你的語言大概不是私人語言，意思說你的表達能力已突破囿限。

語言是可以表達邏輯上允許的任何可能世界的，語言的廣闊程度與邏輯的廣闊程度至少是同等的，它包括前述科學、美學、內心情感思維等等有價值的部份，也包括大量離奇、荒謬、或沒有價值的可能世界，甚至包含連邏輯上都不允許的非法世界，如悖論或自相矛盾的論述，最近總統官邸的羅太太事件，諸方緣由說法有愛心說、加班說、誤餐說、義務幫忙說、吃涼說等等，但真相只有一個，這些官崽的語言不是故意說謊就是胡說。

既然語言什麼都能說，就有可能在無知的狀況下為人織

夢，在有意的狀況下坑人

　　漢明儒者的內聖外王說、心性靈明說，宋代理學的失節事大、餓死事小說，近代的一年準備二年反攻三年成功說，超英趕美大躍進說，原住民是小黑人說，愛台灣就要學好（福建的）閩南語說都是用荒謬的語言引導人走向空想、愚昧、錯認、誤判！

　　維根斯坦（Ludwig Wittgenstein1889-1951）在談語言的治療時特別提示說：人要負責任的使用語言，也要克服荒謬語言的魔障。

撰文者：羅星珞

五、往昔英雄喚不起；放歌空弔古金台

　　那年從軍，在台中入伍受訓，連長氣魄雄偉冷峻嚴厲，很有一點強悍軍人勇於拼搏的戰鬥氣資。弟兄們被他「操」得要死，可是他總覺得大家行動散漫，時常叱責說：「上面規定不准罵、不准磨練、我怎能教好你們，豆腐兵能打什麼仗！」後來聽別人說，他曾參加過韓國突擊隊，經過一些轉折回來投軍，可是他對台灣這種新兵訓練很是失望，言語難免有些憤懣。操課休息時我看他冷峻面容下也有一些憂戚，心想他該是別有懷抱了！可能是愛好吧；也或許鬱志難伸，早晚常見他在營區邊緣對著曠野高歌。「滿江紅」，被他唱得慷慨激昂盪氣迴腸，有著亟欲擺脫羈絆凌厲併飛的氣勢，可是在唱「夜半歌聲」時，那縷蒼涼淒切的悲聲，卻也能帶領人想像出心魂幽閉絕境時的頹傷心灰。回到學校後不久就聽說他報准離開軍隊，離開這個曾讓他魂牽夢繫的國家回了韓國。

在這之上是鄭成功的奕祺亭。

後來行戍金門，在那認識預官「林」，他早晚都賴在我的班堡裏，照他的說法，在我這可以學到一些東西，其實我心裏明白，這獨居的班堡可是部隊裏憩息的好所在，不知是惑於他的甜言蜜語，還是覺得他也算是一個血性男兒，沒有攆他，日子久了，常和他在一起散步。

有回在太武山，我們漫步到「毋忘在莒」勒石上方的鄭成功奕棋亭，看沙美如錦的的田疇，看閩江口的帆影，看蒼煙暮靄籠罩下的故國河山；緬懷明鄭遺事談到歷史重演都有點感傷。回來我放李芳騰的鋸琴專輯給他聽，那鋸弦高亢的長音裏有著嘶嘶痛切的低渾，幽怨悲悽的曲調，聽來真是聲聲如刀…。他突然激動的說：「鄭成功那裏該叫鄭成功，我看他該叫鄭成瘋，史書上不是說他最後神智錯亂地掩面悲泣而死。」

我知道他一直有「心憂當道乏能者，一睨人材海內空；往昔英雄喚不起，放歌空弔古金台。」的情結，就跟他講入伍時連長的舊事，談國家奮鬥目標碎落時個人的迷茫，也給他看「擊楫歌止，歸鄉夢斷，鋒戟將與誰舞！」的感時詩稿。

我曾躑足的山道，可還有村姑簪髮的花兒。

一年後「林」退役了，他繼承家業成了大老闆，後來聽說他跟政治反對運動者走得很近，也成了他們的旗手和金主，我想

他或在這找到激情的出口，但我總奇怪這種轉變，覺得這和曾在他心裏迴蕩綿延的歷史情感不太搭嘎。

有一回，我去看一個鑽研神哲學的朋友，我談到生活中的激情挫折，朋友們家國憂憤信念的形成、幻滅和轉變，他想了一下就跟我談起弗蘭克的精神分析學，他說：「人都有尋求生命存在意義的欲望，當尋求生命意義的意志遇到挫折時就需要轉移或尋求發洩，人若不能找到情緒的出口，就會罹患心靈性的神經症；往昔英雄信念挫折的孤憤和當代人理想幻滅的悲情在精神分析上的意義都是相同的。但這並不是不可超越或轉變的。他說他不相信生命中激情的永恆，人總是以人生的獲取、成就、自認的獨特來肯定活著的價值；他說：「你知道巴夏史屈尼可夫，齊瓦哥醫生電影裏那個氣宇軒昂的紅軍司令嗎？當他遇到齊瓦哥醫生時，他的陳詞一派慷慨激昂，但提到故往曾有的理想與摯情卻緘口不言。人在一些運動裏追到了人生的另一種利益、價值，自然那種迴應孤臣孽子情操就不算什麼了。人活著重要的是能在信念殞落後找到他們人生的另一種意義。」談到一些朋友的激情、轉變和狂飆英雄的悲劇都不勝唏噓！

最後他無限感慨又意有所指的說：「記得巴斯特納克在齊瓦哥醫生這書裏的一句話嗎？『世界上許多人崇高的情操理想，最後隨著時光的流變而墮落折殞，這在歷史上是屢見不鮮啊！』」

撰文者：羅星珞

六、是科學呢？還是美學呢？

開普勤（取自Kepler Home網頁）

參加通用科學技術的展示會，看到同伴「何」輕聲細語的向一位穿著典雅的女士介紹微帶天線技術。當他在答問中知道對方是位畫家時，話鋒突轉的說：「你看這碟形天線的幅射貼片排列是十分錯落有致的，科技產品的開發也和藝術的創作是相同的，也在成果中顯現共通的形式美；一簡單、對稱、和諧統一等…。你可以把它像壁畫一樣掛在家裏，接收悅耳的音樂，眩麗的圖像…。」在旁邊聽了他的舌燦蓮花，佩服得不得了，心想，自己怎麼都沒有他那種便捷口才，能用這麼淺顯優雅的言語，將一些艱澀的技術，講得這麼貼近生活，扣人心弦。

事後我取笑他底巧言令色，他笑著說：「你不覺得科技的開拓是將自然界的繁亂篩掉，只留下統一與和諧，這不是一種美的顯現嗎？」他的說法與觀點，在心底留下了深深的印像，相當長的時日都在心中斷續反芻這些意涵深遠的言語，也不自覺的閱讀一些相關的論述。

一回看書，讀到物理學家開普勒闡釋天體物理學的言語，他說：星體的運動是一首歌，是一首連續有幾個聲部的歌，它不能由聽覺感知，只能為智慧的思索理解，但它的確是依據一定預設的韻律進行，在時間的長流裏定出界標。

這種聽得見和聽不見的和諧論，引起我莫大的興趣，後來知道天體運動第三定律，太陽系行星運轉週期（Ｔ）和距離

（D）有著 $T^2 = KD^3$ 的關係，是開普勒在研究一首古老樂曲〔和諧序曲〕的主調旋律時，領悟出來的，才恍然大悟原來科學的和諧和音樂和諧竟還真是相通的。

偶而在網站上看到分形圖案，被那變化多端像雪花、像植物，精緻瑰麗的造型結構吸引。後來資料看多了才知道這都是迭代和遞歸算法產生出來的圖像。芒德勃羅開拓的分形幾何學竟能將經驗世界的一些自相似形狀以一種美術形式來表現。形像幾何學與跨越不同尺度的形象美術竟是一而二，二而一的，我又一次的在圖像睇視中領會了數學與美學的交融。

一回在一位教哲學的朋友那兒茶敘，我談到這些觀點，朋友說：科學與技術的陳述設計與美學的創作描繪是相同的，都在反映宇宙人世的和諧經驗事實，一首古詩說：「春江潮水連海平，海上明月共潮生，灩灩隨波千萬里，何處春江無月明。」詩人憑他的敏銳將海潮與明月和諧的勾在一起，呈現出景色的美感。也點出了潮夕現象與月亮運轉的關連和普遍性。這就是科學與詩的共生、真與美的共生。他的說法引起在座一片驚嘆！

在冥冥中，我總覺得科學技術的探索與美學是相關的，但又覺得，一直沒有能將這個問題想得很清楚，沒有能力用清淅的語言闡釋這種相關；不過倒認真認為科學技術的秘密與美學的秘密都存在相同的路途上，你在一路的努力尋覓，對於兩者是可同時兼得的。

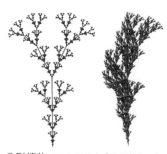

分形植物（取自劉華杰「分形藝術」）

撰文者：羅星珞

七、從弗蘭克的精神分析學談心靈困鎖的解脫

維克多E弗蘭克（Viktor E.Frankl, 1905～1997），維也納著名的心理學家和精神分析學家，一般認為他創立了維也納精神分析的第三大學派（前兩派為弗羅衣德學派和阿德勒學派），1942年他曾被關進納粹死亡集中營—奧斯維辛。他的思想與理論在此受到嚴酷的考驗，集中營的苦難經驗為他的理論作了驗證，他認為正是因此一理論使他從死

弗蘭克（取自Liberty-press.com/frank.htm）

亡集中營幸存下來。

他的著作甚多，其中最有名的是「從集中營到存在主義；…活出生命的意義來」（光啟出版社）。這本書分兩部份，第一部份是集中營苦難生活的省思與自述，第二部份是意義治療學基礎概念的表述。

他在著作中說，在集中營裏遇到一個年輕女子，初見時，她真是明眸皓齒嫵媚動人，可是集中營的生活使她逐漸憔悴，冬天來臨時她只能衰弱的趺坐屋角，日日以呆滯的眼神望著窗外，像任何一個絕望的囚徒般頻於死亡，弗蘭克默默注視著她，看著她的生命一點一點流失，在極度衰弱之時，發現她竟奇跡似的開始逐漸好轉。隔年初春，弗蘭克望著她目光矍爍的眼神問她怎能活了過來。她說：「你看窗外的那一樹小白花！它開得是多麼繁茂多麼生意盎然，去年冬天我卻看它的殘葉一片片凋零，也細數著自己最後的日子，最後枝上僅剩下一片殘葉在寒風裏顫動，心想它凋落時，就是我離去的時候了，一日、二日…它竟沒有凋

落，一天我竟看到它在陽光下閃爍萌生的新芽，看到了生命的劫後重生，我在這裏得到啟示…」她悽然一笑的指著自己說：「這裏的我！這裏的我！是一個枯木又逢春的我！」

弗蘭克闡釋說：一個囚徒儘管飽受折磨和精神創傷，但的確他內心還擁有生活態度選擇的自由，在任何狀況下，人的這種自由是不可能被剝奪的，人不是面對困境就別無選擇。一個人變成什麼樣的人實在是他內心抉擇的結果。苦難時把思想轉向另一主題，是會讓自己超越困境的，設想出一個可期待的未來實是艱難歲月的一線生機，弗蘭克說，他藉研究集中營受難者的心理發展和期待與妻子重逢而使自己的苦難變得饒有意義和希望，終能活了下來。

弗蘭克認為一個人類存在的本質是要「自我超越」，人能以（1）創造、工作（2）体認價值（3）受苦等途徑去發現這個

義意，弗蘭克認為一個人面對無法改變的命運時，這時最重要的是：他對苦難採取什麼態度？用怎樣的態度來承受他的挫折、失望、痛苦，人生的主要關鍵并不在獲得快樂或逃避痛苦，而是要瞭解生命中的意義。只要確定自的苦難具有意義，有些情境人甯願受苦。

集中營的倖存者。

　　弗蘭克認為人都有尋求生命存在意義的欲望，這便是求意義的意志。一個人求意義的意志長久遭受挫折，或遭逢苦難，不能打破情境與心靈的枷鎖「自我超越」得到解脫。就可能導致心靈性的神經症，只有能自我超脫的心靈才能健康重生。

　　有一個印度教的故事，一個修行者死了，他的妻子自殺了。他們的兒子純潔悲慟難抑，陷在很大的痛苦裏。他的另一個兒子達觀對此倒沒有什麼，為了安慰他的兄弟，他對純潔說「你對今生父母的不幸這麼悲傷，也該對不同世生亡故的父母表示相同的悲傷。」純潔的前生曾是蜜蜂、羊、一個牧人，而自己則是蟬、兔子、一個婆羅門。

　　弗蘭克引用尼采的話說：「懂得為何而活的人，幾乎能忍受任何痛苦，人要參透了為何，才能迎接任何。」

　　弗蘭克認為人生不該是忍受生命的無意義，而是要忍受自己還沒有能抓住生命的絕對意義，弗蘭克也認可凌駕人類理性思維的上一層次存在，人可以藉助宗教的信念及精神力量來擺脫心理的贏疾。

　　人生不是永久都順遂的，現實與理想也是有差距的，人生的情境困境終會變成心理枷鎖，超脫心理困境必須把思想轉向另一主題重新抉擇，不斷的抉擇思維成為人存在的里程碑。弗蘭克告訴我們：「…人不是事物，人的最終是自我決定的，他要成為什麼，他就成為什麼。」

撰文者：羅星珞

八、大鳥飛，浩海蒼穹吒風雷

　　參加「無人飛機Aerosonde UAV氣象探空技術」的承包審查會，同事們和評審委員在簡報後經過一番答問，我想接下這個案子大概就這麼定了，正想收拾資料，評審席上的周教授突然說：「希望中科院能在五月份前建立起操控能量，能支援國科會的『綠島中尺度氣象觀測計畫』…。」旁邊幾位委員都跟著打邊鼓；什麼中尺度氣象觀測對台灣氣象科學發展會有重大影響啦！參加中尺度大氣觀測會對國計民生有了不起的貢獻…等等。

　　組長在一些攛掇下終於很勉強的說：「中科院很願意在有益國計民生的防災研究上作出貢獻，只要UAV財產擁有單位及探空計畫委託單位同意，我們儘力配合…。」

無人飛機在風
雨中起飛。

　　會後組長問我「綠島中尺度計畫內容是什麼？」我告訴他，大概是想擷取綠島北方海域大氣資料，為氣象預報建模，近海海水與大氣熱交換應是影響島塊及大陸沿岸氣候的重要因素，可是什麼是中尺度，大伙對這詞意都覺茫然，我問一位評

審老師，他吱唔半天也沒給一個清晰答案！回來找書，看到一段話：──「Orlanski將大氣運動劃分為大尺度、中尺度、及小尺度…，其中二十至二千公里屬β級中尺度，它是天氣學研究的重點。」書上又說：「中尺度天氣系統產生的現象一般比較激烈，較局部性，例如雷暴、梅雨、颱風都與它有關。」我恍然大悟，他們是想探索局部海域陸塊的天氣變化。

　　一個燠熱的午後，我們在綠島機場進行無人飛機氣象探空的準備，台大林教授說：「希望飛機從綠島北方五十公里處海域向成功鎮方向西飛，航高由三千英呎下降到五十英呎，再上升作漸變式循環。」在發射車加速衝場後「呼」一聲，飛機離架騰空而起，在機場上空像鷹鷲一樣盤旋，五百英尺、一千英呎，操作手「葉」報告一切正常，說要轉到遠航控制站，飛翔的大鳥突然轉向，向北飛去，愈來愈小終無蹤影。10公里、20公里、30公里…「葉」喃喃自語似的報著，我看著螢光幕上的光點，一串串氣溫、氣壓、溼度、風速的資料傳了回來，氣象局的「楊」將手機接到電腦上，資料一筆筆擷下自動轉發給台北總局。林教授說：「海上取的這些資料會和成功、台東縱谷、玉里越中央山脈至台灣中部一線觀測站取得的資料作比較分析，白天和晚上海陸的風向應該是不一樣的，今夜我們會在這裏守候。」夜深了，留下葉和林教授值班，其餘的人回旅社休息…。

　　次日一聽到雞鳴，我匆匆起床，趕到機場天還很暗，看到林教授和「葉」一臉疲蔽，臉色蒼白裏有些許臘黃，教授說：「夜裏以為設定在自動飛行模式就可以休息了，不想控制電腦每半小時就〝嗶嗶〞告警，要重新設定才能重回環路循環飛行。」不過他也掩不住有一絲喜悅。

　　清晨六點半，弟兄們都來了，該是準備返航回收的時刻

了，半響時光，從半空雲靄暗處隱約傳來引擎聲，我終看到由小變大由隱晦變清淅的UAV，在空中飛騰、盤旋、嗡嗡吟唱，六點五十分，操作手喊六、五、四、三、二、一關機！它像飛鳥冉冉下降，嘶嘶一串摩擦聲滑翔降落在機場草坪上，小潘跑過去提起來晃晃舉起來大喊：「油光了，一點都不剩！」

算算時間這趟飛行由起飛到降落一共有十八個小時。

在綠島十天，我們飛了碧天如洗皓月當空的黑夜，也飛了雷暴電閃色濃如墨的雨雲，它都在經歷層層洗鍊後平安歸來，可是在能力的探索裏這不是終極，氣象單位希望用它來探索颱風。

回來後，氣象局的林民生組長邀我們去瞭解颱風的預報作業，他們的簡報使我瞭解颱風預報的基礎是建立在一個覆蓋面廣又能及時更新的數值天氣圖上，然後將一個假設的颱風放進去，讓它在大型電腦上跑，來預測颱風路徑，可是在廣闊的海域沒有辦法建立觀測站，就沒有辦法取得綿密的氣象資料，氣象人員十分寄望於運用這種無人飛機的長滯空性能擷取資料，來改進氣象背景圖，以提升模擬精度，可是「銥」通信衛星的破產，使得發展這種觀測系統的廠家冀圖利用衛星中繼來展延擴大UAV航域的設想成了泡影。

氣象局的洪博士問我，除了「銥星」外難道沒有別的通信衛星可以取代，我告訴他這型UAV受到酬載和空用電源的限制不能配裝現有的各種中高軌通信衛星終端，但是並不是沒有機會解決這個難題，我知道已在發展的某型低軌小衛星可能可以，但是計畫要等好幾年後才完成，我說技術的發展和人生際遇是一樣的，這扇門關上了，另一扇門會打開，只要我們去尋找會有無限的機會。他也覺得是這樣。討論中我們都盼望儘快找到新的方案，使Aerosonde UAV能在千里之外的海洋高飛遠颺，捕捉那兒

的風風雨雨，捎給觀測者更多信息。

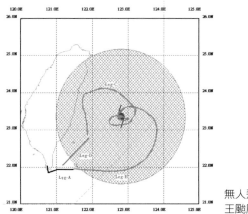

無人飛機追測龍
王颱風航跡。

　　二個星期後利奇馬颱風來襲。小潘、葉和林教授帶著無人飛機去了東部，在電話中小潘說風雨好大好大，真是大雨如注，可是它飛得很好，飛了六個小時，最後平安落地回收。

　　幾年後，經過一些努力終於解決了衛星訊號交鏈的問題，二○○五年十月龍王颱風來襲時，林教授、小潘、葉與幾位弟兄帶著無人飛機去了恒春，這次Aerosonde UAV飛進了颱風眼發現幾樣狀況：

　　一、颱風眼不是靜風區，還是存在著小的風旋，只是相對
　　　　上較周邊風速小很多。

　　二、颱風眼溫度較週邊高約二度。

　　三、颱風眼壁的雨量大到使濕度計掛掉。

　　這次氣象觀測連續飛行了十幾小時，最遠操控距離有三百多公里，無人飛機在颱風眼中上下盤旋了一個多小時取得大量資料，也創下了無人飛機觀測海上颱風的最佳世界紀錄。

撰文者：羅星珞

九、杜鵑喚醒三月天

在台北讀書時，跟一個台大園藝系的學生感情很好，閒暇時常跟著他在校園裏拈花捻草消磨時光。校園裏有品種豐繁的不同植栽…欖仁、流蘇、櫻花等等，其中栽得最多的卻是杜鵑，有艷紫杜鵑、粉花杜鵑、平戶杜鵑、金毛杜鵑、久留米杜鵑等等及一些我不知道的品種，盛花時學校形成一片紅白相間層層疊疊的花海，可是大家卻說這兒是杜鵑花城。

每年早春，杜鵑總在煙雨迷濛中含蕊吐芽，在明媚的嬌陽下舒展綻放，盛開時搖曳綿延的桃粉斑爛舖天蓋地，浩大的氣勢讓人忍不住駐足留連。這種繁花似錦的絢爛也變成心上長久的記憶！

後來行成金門，一個下午，獨個漫步於太武山東麓高地的山道，享受著軍旅生活難得的一點悠閒。忽然看到山岩裂罅迎向嬌陽的竟是一蔟開滿紅色重瓣小花的灌叢；乍見，心中震驚得不得了，心想都六月了，這兒怎還開著這麼燦爛的杜鵑吶！

在班堡中寫信給教園藝的朋友，描述這小小植株的纖麗花形，並強調的說：它絕不同於四月天在杜鵑花城徜徉時所見的那些駭紅粉白！

朋友在回信中告訴我，杜鵑不是都在三、四月開花的，花朵也不都是五瓣的，他又說世界上有九百多種杜鵑，中國大陸大約有五百六十多種，台灣能找到的大約有三十種。他的陳述給我聞所未聞的感覺。我也試著去辨認這是那一種杜鵑，可是由於資料的缺乏終究不能，但這一叢小花卻在心上抹上那一年最絢麗的色彩，整整一個月都懷著一份宗教似的虔誠去探訪，直到最後一朵凋萎。

又一年，伴同一群山友去攀爬北插天，在貼近山峰頂的緩坡，忽仰見一樹繁花盛放的粉紅；大伙不覺驚呼。我告訴他們這是西施杜鵑，可長到四、五米高，像行道樹似的。

同行的小妹妹問：「這是最大的杜鵑嗎？」我說：「不，最大的杜鵑是大樹杜鵑」。我告訴他一九一九年英國人傅禮士在雲南蒐集物種，截取了一段大樹杜鵑樹幹，直徑有八十七公分，樹齡有二百八十年，現在還存在大英博物館裏；以後六十多年世人一直不知在蒼山洱海之間，大樹杜鵑存身何處。一九八〇年中國植物學家馮國楣在雲南西部叢山峻嶺間跋涉調查，經歷了十年才在高黎貢山的一角發現了一片大樹杜鵑純林，最大的竟有二十六米高，樹齡估計超過五百年。

大樹杜鵑

在新新埔工作這些年，每當暮春三月走向圖書館，道旁的平戶杜鵑，金毛杜鵑，白的、粉的、紫的、色彩眩得叫人心驚。每不自覺的隨著遂花的蜂蝶在繁花叢裏流連，偶而也可以發現花瓣一半水紅一半粉白的雙色杜鵑，看到這種異變的豔色總有幾分驚喜。

大樹杜鵑花

在中國詩人的吟詠裏，常給杜鵑以特別的青睞，或將杜鵑花與杜鵑鳥附會在一起抒感情懷，成彥雄的詩：「杜鵑花與鳥，怨艷兩何賒；疑是口中血，滴成枝上花。」楊萬里的詩：「泣露啼紅作麼生，開時偏值杜鵑聲，杜鵑口血能多小，恐是征人滴淚成。」

又是一年開花時節，經過公園郊野，請稍留意道旁綠叢裏的紅萼粉雲，杜鵑正含芳靜待人來，它會給你一些新的感受，春色應會悅你心。

撰文者：羅星珞

十、往事掇憶

白荻茅浦，
寒沙淺流，
浮生凋景重過南樓。
崖前駐車未穩，
驚鴉喚我舊夢；
淚滴向心頭！

翳雲路迷，
鶬斷磯頭，
年少魄飛；難見白頭。
歸來！
歸來！
素幡鶴紙粉蝶飛，
烏衣稚子悽聲哽；
咽聲似水流。
怨也悠悠；
憾也悠悠。

掇拈衰草，
奠酒再斟，
情傷淚痕新染；
悵望暮雲魂杳處——
煙靄紛紛；
惹人愁！

陸航弟兄在無人島小蘭嶼。

多年前，受命籌辦計畫的測試作業，和支援的陸航弟兄往來九棚、蘭嶼、綠島間，長期的合作彼此建立了非常深厚誠摯的情感；也著迷於他們團隊間特有的豪邁爽朗熱情！

幾次受邀和他們共飲；指揮官徐將軍也和弟兄們一樣高舉酒杯幌著肩「呵！呵！呵！再一杯！」的高唱敬酒歌；這種熱烈的氣氛，只有在水滸英雄大塊分肉，大碗喝酒的章節裏才可尋得；他們實在是特別的一群！

歡樂的時光總不恒常，其後發生了412號機大竹墜海事件；為了搜救連繫，我和啟明兄兩天兩夜沒有睡覺，到第三天躺在床上聽到對方的輾轉竟久久不能成眠。

這次事件除了機長高勝利、同伙邱創舉生還外，其餘副駕駛劉新力、機工蔡柏滿、林建民、飛指部吳明鐘上尉都沉身海底未能覓得。

旬日後，我與吳兄陪著罹難者的親屬到大竹海邊一座碉樓旁招魂祭拜，遺孀稚子的哀泣令人鼻酸！

回程時南迴路上豪雨頃盆泥流滾滾，十分辛苦的回到左營。稍歇，黃昏後依組長韓光渭先生的約定，到高雄去接他，

車站人聲鼎沸，因大雨鐵路中斷，人們都困在車站裏。打電話回院，韓太太說組長中午就走了。一直等到夜深，鐵路還是未通。不覺有些頹傷；心想！王副指揮官一再說：「遺骸沒撈到；希望公祭能辦隆重一點，請貴院多幫忙！」所長因為高級長官視導不能南下，張主持人又出國了，如今連組長都困在路上，真不知怎麼向人交待！駕駛老邢一直安慰說：「韓先生是不怕難的，他一定會趕來」。

第二天一早趕到公祭會場，才進門就看到韓先生靜靜的坐在大廳一角，他見我第一句話就是：「星珞你身上還有錢吧！」。原來昨天車到半途就停了，輾轉的走路、坐客運、擠拼裝車、包車，好不容易趕到，錢也花光了。

其後幾年，每經過太麻里大竹，同袍們總備水酒、果品祭拜逝去的弟兄。

近年來，陸續聽到當年一塊工作，飛行技術甚為高超的大萬（萬坤山）機墜旗山、小萬（萬嘉瑞）翅折馬祖；天忌英才，少年英豪果真難見白頭乎。偶而得知徐將軍解甲之後，台北賣酒，看來性情爽朗如舊；只是宿將退隱再不論兵矣！

多年前同袍們的一些構思測試逐漸開花結果，惟對此以生命血汗澆灌而早逝的弟兄們，雖覺人生榮萎、自有天命，我蹤不執人間「情」與「事」，每際斯時或履斯地都會不期而然想到他們。

撰文者：羅星珞

十一、一謁盧舍那

唐高宗壬申　西元六七二年

今上為廣宏佛法，著令開窟立佛於洛陽龍門之崖。

你趺跏在伊河摩崖的夜色裡，

月華如鈎，

無雲的夜，

熒熒星輝；---

撒在你肩上、額頭、眼裡溶成濛濛光影；

夜深了；

你的靜默看來竟覺孤寂。

※　※　※　　　※　※　※　　　※　※　※

今上鸞駕已回，

盛典之後的餘氳乃在，

經幢簇簇，

彩帛紛飛，

這些眩影；---

對我都太陌生。

※　※　※　　　※　※　※　　　※　※　※

是第幾寒暑了，

記憶裡竟掰算不出，

好似昨日，

又好像很久很久了，

那年隨師父攀爬在嶙峋山岩，

43

崖窟藤蔓似簾，
地錦鋪陳出你倦伏的身形，
你在此歇息似已千年萬年。
師父說：
二槐！
就此再現佛陀法身，
諸法依情下種；
就地果生，
人間造化前定---
你與盧舍那佛自有因緣。

※　※　※　　　※　※　※　　　※　※　※

龍門地形圖

嚮午時刻，
我靜靜伏在你胸前，
溫潤清涼，
我仰望你微翹的唇角，
仰望你微垂的雙目，
我看你已有千百次了，
你底靜默竟有一種清澄的悠然，
你一直在進化，
雜花彌崖，
碎岩盈肩，
衣褶流轉，
寶絡雍容，
你底姿容愈顯圓潤莊嚴，
你已宛然如生。

　　　　　　　　※ ※ ※　　※ ※ ※　　※ ※ ※

伊河的水靜靜流淌，
天藍如水，
開陽雙星的熒影；
竟像並蒂的燭蕊。
寺裡燈光已滅！
夜深了，
我匍伏在你膝前，
就像拜別生身的母親，
臨別的感傷；
竟讓我哽咽難言

　　　　　　　　※ ※ ※　　※ ※ ※　　※ ※ ※

天將破曉時，
我默默由洞窟退走，
你知我將離去，
寒驢柴車載我遠行，
斧鑿矩規相伴一生是我的宿命！
我將躑足在梁山南麓的曠野，
再塑一個個垂立翁仲，
但我知道的，
我會再來，
只因悠悠歲月；---
我一生繫念的你還趺坐在伊河
摩崖的煙靄裡！

　　　　　　　　　　　　　　撰文者：羅星珞

十二、二謁盧舍那

唐僖宗甲辰 西元八八四年

話說黃巢兵敗，官軍截護陷賊官家女子，解送上京，今上以眾女、父兄世沐皇恩不知死殉竟為賊脅，令盡磔之。

今夜星光黯淡，
夜霧正濃，
朱騅嗒嗒的蹄聲，
在空曠的荒徑上分外清脆，
幾夜奔馳，迎著撲面風霜，
千里單騎，重回這漼洛舊道所為何來！
我不禁潸潸淚下了！

※ ※ ※　　※ ※ ※　　※ ※ ※

小玉！小玉！
今天該是你滿月的忌日，
你的一綰秀髮乃在，
翠玉鑲金的環佩乃在，
你身魂可跟上朱騅在返鄉的路上麼！

※ ※ ※　　※ ※ ※　　※ ※ ※

那日大雨，
在青菡洼口弟兄都殺紅了眼，
也不知袍上濺漬斑斑是弟兄的還是賊人的，
還是都有。
雨歇時，弟兄團團圍住幾輛錦輦大車，

「將軍！齊王內府的！」
裏面簇擁著惶恐的女子，馬弁拉著錦帘嚷著！
「將軍！咱是官家落難的女子，請將軍迴護！」
好個面目素淨的女子，脆聲求著，
「你是洛陽人！」
「將軍！咱是嘉善坊崔家女兒！」
「啊！嘉善坊！」我大聲的喝著，
「弟兄們！護著些！護著些！
這是崔少卿家的！」

※ ※ ※　　※ ※ ※　　※ ※ ※

你說：『短劫入長劫，長劫入短劫，百千大劫為一念，』
亂世的苦難只當作生息的一瞬。
你說：善射者調箭，善樂者調絃，善行者調己。
你說：日日祈求盧舍那佛庇佑；佛說：
『盧舍那佛，遍及十方，一切諸化，出於莊嚴生，彼亦來
亦生---。』
妳是世家嫻讀經書的女兒，
我只是南市武館出身魯莽的男子，
你的言語和身上的花粉香味一樣讓我眩惑，
我除了靜靜的傾聽還能說什麼？
『我會護著妳回去；我會陪妳再上一柱香！』
對這同鄉女子魂牽夢縈的盧舍那，只要提起，在我心底也
會悚然心動；---
那個使我隨著師父一再頂禮膜拜容顏慈悲的盧舍那佛。

※ ※ ※　　※ ※ ※　　※ ※ ※

蓉城的榴花紅艷艷的，
街衢花煙彩紙乃在，
簇擁喧譁的人群乃在，
可是我的心在汩汩淌血，
‧‧‧‧‧。
「今上有命，曾陷逆賊內府
官家女子，著令全數殊之！」
這有什麼天理！
小玉！小玉！
陷身逆賊就該身罹死罪嗎；你們受難姊妹真是命途多舛啊！

※ ※ ※　　※ ※ ※　　※ ※ ※

街邊的奠酒仳連著，
金銀香燭煙霧氤氳，
簇擁著的人群滿懷悲憫，
有人嚶嚶的哭了。
「將軍！送君千里終有一別！」
妳緩緩下拜，堅毅呈現在你靜肅的臉上，
「但求將軍能將這方珮玉，這絡遺髮，代我供在盧舍那佛
面前祈福，小玉來生蹤銜草必報的。」
我終簌簌流下淚水。

※ ※ ※　　※ ※ ※　　※ ※ ※

夕晞破曉時，
我緩緩登上斑駁迂曲的階欄，
晨霧尚濃；
晨露尚重。

在乍現的天光下；---睽違再見；
妳臉上竟滿是凝結的晶瑩珠淚。
啊！
盧舍那
妳可是垂憐你洛陽的女兒；
請引領她，
在幽冥漫漫的路上，
蒼穹茫茫的天界，
或另一世。

撰文者：羅星珞

« fi fi Ļ ¿ f

= Æ ø \ ! Z ¥ ¥   R

f   m ˜   ¡ ˜ = $ 3 ˉ ˇ ˙ —ˎ

›

Ø   W Œ r

? 3 2   W

          .

   „ 7 ß

l ¥ 7 † P

2   t U

¡ …

L ¿ f d u   ˝

     .   .

r   h r ˝

d Æ P } ` m » ,

» Œ f ' '   »

» Œ r ˝   P º

          o ! o ! o   ! ! o ! o ! o   ! ! o ! o ! o

f ˜ "

   _ Ø 2

   6 3 M …

Ø l \ 1 œ ´

œ V t Ø 6 l j Æ f l r ø

妳再嚶嚶的泣了！
二爺！你終忍銀花無依再墮風塵！
珠淚盈盈於妳底秀眸明眸，
驀然覺得多像伊河崖旁立著的容顏！
我終緩緩攬扶起她！
銀花！銀花！
命運不是起於偶然；
命運是生命串鎖的宿命，
每一個業都有一個因，
每一個因都生出一個果。

　　　　　　※ ※ ※　　　※ ※ ※　　　　※ ※ ※

寺裏的香火依然，
　鐘鼓梵音依然，
妳俯視悲憫的微笑依然！
現世喜樂，澹性湛然的教誨在記憶依然！
銀花！銀花！
卸下心上的痛苦；
放下淚痕斑斑的記憶，
佛陀悲憫的目光仍在，
微笑仍在，
我攜妳來，就為著這些，
溫柔的悲憫是心底斑斑傷痕的解藥。
我輕柔攬向她的秀肩，
二爺！我知道！
他終怯怯偎在我胸前，

深眸裡淌著盈盈的淚光。
伊河的流水是緩緩的，
流水裡的青荇是油油嫋嫋的，
塵世的柔情攏絡輕撫的心是柔柔的，
我俯身折下橙紅的燈蕊簪在她底髮上。
她幽幽的笑了。

※ ※ ※　　※ ※ ※　　※ ※ ※

煙靄起的時侯，
你乃趺跏靜寂兀坐山崖，
我知道你看著我的離去，
一如崖畔垂目的千百尊佛，
我伸向她柔潤的手攙著緩緩而行，
江湖的未知展在無盡的煙靄裡！
啊！盧舍那！
我知妳悲憫的微笑仍在，
你知我會再來，
在洛城
風華再現的仲春，
　　霜降的臘月，
　　或另一世。

撰文者：羅星珞

十四、四謁盧舍那

民國八十年辛未 西元一九九一年

兩岸兵燹之後，隔海相峙四十餘年，蔣氏一言阻隔終解，
溯源尋根驛續於途。

僧馱跋陀羅寂滅後一千六百年，
我是浪跡鯤島的一介布衣，
掩捲華嚴千偈蓮瓣，
我乃昊蒼塵沙間的一葉浮苴，
冥思三度，
我似見你乃趺跏伊何摩崖，
歲月已在你寶絡臉頰留下深深皸痕。
斑剝如斯，
夢裡你卻靜定如是。

　　　　※ ※ ※　　　※ ※ ※　　　※ ※ ※

悃思引我到山崖海角，
聆北地冷冽風語，
一段段古老神祕故事，
總環繞著你我她，
悒思不能隱忍孤寂，
渴念帶我前去，
在洛城風華再現之時，
我奔回瞻望著你。

　　　　※ ※ ※　　　※ ※ ※　　　※ ※ ※

大日如來盧舍那

伊闕仄道，
這兒我似曾來過，
是幾時那一世可記不得，
山道旁野花的燈蕊，
流水裡孃孃的菁荇，
山風的低語，
逝水的咽聲，
寺裡的樸樸鐘磬，
這一向我都認識。

※ ※ ※　　※ ※ ※　　※ ※ ※

深埋的故事在記憶隱現，
我似曾伏在你的胸前，
是多久了；
大概是很久很久了，
當飛鴻在西崖隱去，
流光在你臉上挪移，
你的姿容竟圓潤不留丁點歲月的斑駁，
我仰望你的垂目；
你隱斂凝重；
似語無言，
啊！盧舍那！
你一直是我心靈的依靠，
在生命的死陰幽谷，
你使我免於恐懼；
在人世的驚濤駭浪，

你使我靜定恆常，
浪跡於至微至大間的生命，
每當惛弱
你底心像就像一個師尊，
永遠從妄執憂懼中揭示一條
開朗的道路，
趺跏千年你蹤什麼都不說，
喜悅宵靜已然溶入心中！

※ ※ ※　　※ ※ ※　　※ ※ ※

離去時，
在山道上擷下一束野花！
芬芳如是！
鐘磬聲裡揚片片春華，
芳香飄散在夜風裡，
盧舍那！
你知道的，
在我分別世法有情愛樂的今生來世，
不管是；---
風雪殘冬裡千里單騎，
或是；---
飛絮陽春中拈花踽行，
我都會再來。

撰文者：羅星珞

十五、關於盧舍那與龍門石窟

盧舍那本名為摩訶毗盧舍那，或稱大日如來，意即光明燦爛至高至聖的佛。

中國現存之最偉大莊嚴盧舍那佛彫像，是矗立於洛陽龍門石窟奉先寺的坐像。據稱為大唐高宗皇帝時所建，佛身通光連座八十五尺。

你或會想古代的帝王或信眾為什麼會造如此巨大的佛像呢？這是有它的思想背景的，而其思想背景是出自華嚴思想的無限論中。（僧馱跋陀羅於東晉義熙十四年至元熙二年間來中國譯華嚴經。）

道家的分形五五
（取自劉華杰「分形藝術」）

華嚴思想認為這個世間出現的釋迦，不是佛的真相，而那遍照整個宇宙整體的才是真實佛身。依《梵網經》的說法「知」是坐於蓮華藏海的說法佛。而此蓮華有如千瓣蓮花，每瓣皆有釋迦化身，而每瓣又有百億國，每國又有釋迦在為眾說法；從而形成一個巨大佛與微小佛互相包含的蓮華藏海世界。我們也因而在瞻視巨大與微小中將想像推進到無限而不可測。

　　這種思想與道家五五分形的無限思想，西方從一根源產生又回歸此一根源的神秘主義思想是頗有相似的。法國數學家巴斯卡（Blaise Pascal）說：就以無限大的宇宙與無限小的宇宙作思考，人似在此二無限中漂浮幌動。

　　1995年朋友給我一幅龍門石窟的盧舍那佛造像，要我貼在書桌旁多看看，也好修養心性。

　　我被他微張的眼眸，似笑非笑的表情吸引，覺得他在莊嚴中散發出寧靜和溫暖，有無限的感動。就試著蒐集資料想有更多瞭解，閱讀中知道了一些環繞著龍門周遭不同世代的變化，很有一些感慨，就融入輪迴及歷史寫了四闋盧舍那的長詩，想闡釋在中土衍演千載的華嚴思想；也向你訴說遶迴我心許久的人間情義故事，這就是我與盧舍那的因緣。

撰文者：羅星珞

十六、戍寒寄酒歌

風鶴
夕暮
蓮華百偈未參菩提路
廢壘苦寂情難守
忍不得歎詠歌人遠論詩人無
也罷姑且伴二三狗屠
煮酒澆我心愁
但見危宿隱北斗爍

昨夜星黯朔氣寒
更深叢岩暗處似有聲聲怨
疑真似幻兩三聲
唉 唉
淒聲似聞人道孤鬼歎
塞上行戍客死幾多人
荒地的鬼魂啊
今夜我勸你多加衣

壘頭晚菊無蝶顧
壘下苦寂獨愁暮
戍日如水少年老
秋霜凝日夢迴故
天涯多少失鄉人
真箇怨獨你乎

君知否自古邊關摑不盡英雄淚

看虛江嘯臥

昔俞郎壯心不已

俱化鼓嶼浯江浪頭水

太武岩頭望鄉亭

看故國河山如錦

鄭氏成瘋憤未除

晚來搗衣獨弄影

有識應覺孤獨苦

念君亦同嘆

好在我佛說「無常」

願君撚盡千香得見聯珠人

有日江湖蘆花淺處共結庵

※那年行役金門，寫寄時在台大教書的佳明。

撰文者：羅星珞

十七、載波船已去

就這樣似相知似不相知的離去
就這樣草草收場的悲喜劇
落力的演罷最後一場
便鉛華拋給後台
看載波的船來
隨載波的船去
擱一切於重洋的夢幻裏

阿雲來函提些舊事
只覺故往已隨風逝
丁碎的殘餘也難覓
生命的一大片在泛白
塵沙裏總忘不掉那段老日子

我知老洪串演的多色劇
總覺他善接連理枝
生命中不常有的
這是該引人注意
行戍者默默祝福他
也祝福他的新娘子

重讀野牧的情詩
忍不住問聲講師
鵑啼時人人都忙著下種

怎就聽不到你的喜訊

為兒的可能不急

做娘的會怨你耽誤了他抱孫子

噯 噯

我知道個故事

昔曾有個火居的老道教導個冷面的浪子

他說

莫待紅塵香謝華枝萎

要早修和合天心月圓時

今晨塞上彈嘯漸歇

柝聲也息

八月山道上俱是紫玄的燈蕊

還不見它點綴村姑的髮際

但它已點綴了我的胸臆

連夜滴露子

漸濕塞上舊壘剝壁

如是掇拾了筆

匠心剪裁的淒無華

二三行

也述不了多少意

就這樣似相憶似不相憶

就這樣草草結局收場地

撰文者：羅星珞

十八、宛轉歌歇王人遠，天涯何處漾孤蓬

晉餘姚人王敬伯仕於東宮，休假返鄉途中，維舟中渚，登岸望月，悵然有懷，仍倚琴歌「泫露」之詩，琴歌幽婉，有女聞而趨之，求與敬伯共譜絲竹，女彈箜篌作「宛轉歌」韻調哀雅…，曲歇倏然去，不知所終。人生寄旅有此邂逅寧非幸事，不想所遇非人，而是漾跡江湖的幽魂！

—改寫晉書·逸文—

「歌宛轉，
　宛轉情復哀，
　願為星與漢；
　光影共徘徊。」

盈盈！
等待過了子夜，
子夜的踟躕是一種寂默的躞蹀，
在荒荒的渡口，
我等待著妳，
等待在心裏總似重復吟唱的歌。

那夜，
虛宿向南，
在溫江古渡，
你腳踏輕履，
銀點飄飛，

金塵撒落，
珠襦裙襬的環珮叮噹！
倩影飄忽如風似幻。

　　　　　「歌宛轉，

　　　　　　冷月照孤琴；

　　　　　　度曲遏雲掩花色，

　　　　　　弦走情凝想任真。」

花影攏翠的亭台，

似雲舒卷的自在，

玉腕紅紗，

雁行輕過，

十二 三 弦一行哀雁的十三聲

淒淒切切---。

盈盈！

流宮變商的繞指，

澀流凝泉的旋拆，

總重迴心底的萬重深情。

笳鳴馬嘶的切搓，

風迴雨聚的驟擊，

總似訴說世間的轉折悲歡。

　　　　　「悲且傷，

　　　　　　參差淚成行；

　　　　　　低紅掩翠方無色，

　　　　　　金徽玉軫為誰銷。」

當月偏西，

曉聲催白，

共倚絲弦的溫韻總喚不住時光點滴流入洪荒。

我的心似在水藻中顫動游走。

我偷眼望你在簌簌流淚。

離緒總是使人感傷！

盈盈！

去路儘管殊途；

但總盼在三生石上留下再續的然諾。

看船解纜，

風篙催客，

茫茫的渡口，

看你漸漸的離岸。

　　　　　「曲終調絕倏然去；

　　　　　　碧槎天風向誰歌！」

天闊水長，

你在高歌；

對我揮手，

我目送你的離去。

當船漸杳，

歌聲漸歇；

在黑暗蘆浦遺落的一切--

是你昨日的遺音，

是我今日明日的記憶！

「月既明，
　西軒琴復清；
　寸心斗酒爭芳夜，
　千秋萬歲同一情！」

盈盈！
我總是想起你，
無論是千劫之後；
或萬花落盡，
星月的輪轉總惦念著三生再續的舊約。
但不知在那一世盼到再一次的重逢。

總是疼惜末了的情緣，
總是繫念著漾跡江湖的離人；
我在這蘆篙泫露欲滴的水岸苦苦等候；
像有七世那麼遙遠！
絲弦拂了千萬回，
冷冷的迴音總只能截撈出一點波光的激艷，
你的倩影早已幻化成夢裏浮盪的千朵蓮花。
　　　　「金樽斗酒爭芳夜；
　　　　　千秋萬載共一情。」

向月蹤再飲千鍾，
擊弦千回，
盈盈！
你知道的，
我的心早已走向你了；
江上波光粼粼，

眾聲俱寂，

你終是我心裏唯一高音。

日轉月迴，

放歌向天，

在這荒荒渡口，

我的等待也不知該延續到生滅的那一世，

但穹蒼知道，

我總期待著絲弦共譜的再一次重逢。

後記：有一次在系發圖書分館看書，管理小姐梅桂對我
說：「老羅呀！你要努力多寫寫詩呀！」我捉狹
的對他說：「寫詩是要有寄情對像的，沒有、怎寫
得出呀？」她說：「你可以找個千年前的美女寄情
寄情呀！」想來我是很聽話的，於是翻讀晉書·逸
文，憶想著盈盈…。

撰文者：羅星珞

十九、國防科研計畫評估與尼采三原則

　　近半世紀，西方國家在科技評估領域，開展了相當大量的工作，科技管理學者及科技管理部門致力於檢討改進科研計畫評估方法，他們認為這不僅可以提升科技研究的質量，而且可以對技術發展的前景產生引導作用。在國防科研部門為掌握此一脈動，自亦產生相應的作為。

　　近四十年美國國防部每年發佈「國防規劃指南」，對國防科技計畫的制訂，有相當廣泛的檢討指示，但既括歸納提示其科研計畫制訂的依據不外兩項！

一、未來軍事的需求，這包含國家安全潛在的威脅，未來戰爭中兵力的結構及戰略戰術可能產生的變化等。

二、當時科技的進展，特別是新概念，新材料的突破，所顯示在未來軍事應用的前景。

奈基－Ｘ反飛彈系統

可是現代高技術武器研發成本日益高漲；在研發資源有限，研發經費不足狀況之下，已不可能對國防科研作不加節制的投資。為改善研發成效，對國防科研選項評估，需有更進步的評判方法，成為一種思考方向，美國國防科技政策專家保羅‧尼采概括了近代國防科研管理經驗，提出三項評判依據；即國防科研項目評估要檢討的是：

一、軍事上是否有效。

二、生存能力是否強。

三、效費比是否高。

並將此三項評估原則稱之為國防科技發展的戰術—技術—費用綜合平衡定律（原則）。

一九八六年年美國國會更通過將此原則，作為法令頒佈實施，這項條款從而成為美國國防科技發展的主導因素。

軍事上有效，是指所研製的武器裝備，能確保可靠的軍事應用性能，攻擊性的武器在射程、精度、威力、及突防能力各方面都能對敵形成威脅，防禦性的武器對長時間、大範圍、多方位、多批次的襲擊都能產生有效的阻截效果，否則就應取銷研製計畫。

六十年代美國發展「奈基—宙斯」飛彈防禦系統，可是後來由於戰略多彈頭導彈技術的發展，干擾技術的進步，評估該一系統已經不能阻遏新一代導彈的襲擊，只好停止發展。

七十年代英國發展獵迷AEW-3預警機，但它的PD雷達會將高速公路的車輛誤判為飛機，同時發射機的故障率又太高，不能可靠的執行軍事偵防任務，計畫只好中止。

生存能力力強，是指研製的武器裝備，在複雜的戰場電磁環境及火炮攻擊狀況下，有一定的承受能力，裝備不會因輕微的

戰損即衰失基本性能，英國最新式的「謝菲爾德」驅逐艦，由於甲板選用高溫時會燃燒的鋁鎂合金，一枚飛魚飛彈即可將之擊沉。新一代戰車選用陶瓷複合裝甲，或黑索金夾層感應裝甲以對抗穿甲彈攻擊。指管通信系統使用擴譜跳頻通信裝備以迴避跟蹤干擾，這都是為提高武器裝備生存能力的研發例子。

一九五一年美國空軍檢討，其在越戰一半戰機的折損，是因為汽油燃油系統為炮火擊中引起著火爆炸而墜毀，遂於七十年代致力研發煤油型燃料JP—8，這個致命缺點才獲補救，從這個案列也可以看出軍備初始規劃對整個戰力的影響是如何深遠了。

效費比高，是指研製的武裝備應以儘可能低的生產投資，達到儘可能高的作戰效果，在邊際條件下，要求攻擊性的武器其毀傷力能造成敵方損失遠甚於已方的損失，防禦性的武器要能以較低廉的代價剋制較昂貴的敵人裝備，例如，一枚卅萬美元的反艦飛彈，可用以擊沉一艘價值二億美元的軍艦其效費比是一千比一，而一架價值二十~三十萬美元的小型無人偵察機，如不能發展廉價的有效手段剋制，而以價值七十萬美元的中空防空飛彈對付，那就大大不合算了。一九七五年美國放棄成本甚高的「羅蘭特」飛彈計畫，就是效費比考量的結果。

AEW-3預警飛機

　　尼采三原則並不只就一個武器系統來考量，而且要在巨觀上就國家未來可能戰爭態勢考量，假如一個國家預想的防禦戰役戰場蹤深只有六百公里，其國防科技研發的重點，就在爭取掌握發展這一戰役戰場優勢所需的武器裝備為目標，而節制將資源投注於發展更遠程的武器系統。另一方面在微觀上要檢討、評估系統中的每一個環結，現代西方國家在發展航太航空偵察載具時，SAR是一個熱點，可是在價格與解析度上與全光譜偵照像片是不能相比的，美國的全光譜偵察衛星KH-11其情報圖像引用率據悉較裝SAR的KH-12更為頻繁就是明例，在設想的戰役戰場並不是像俄羅斯那種有著常年雲掩霧罩的極北基地的國家，在發展無人偵照系統時，有限的經費應優先投注於小型、隱體、鏈路安全、多機操控等技術和光學感測系統，像SAR那樣高昂的裝備研發是應稍微居次的。

　　尼采三原則是美國人總結六十年國防科研管理的結果並作為法令來實踐，想來對中國台灣的國防科研管理者應該是也有一些參考價值。

撰寫人：羅星珞

二十、增殖型國防科研的實踐

二次大戰後，以美蘇兩國為首的東西方主要國家，各自為提升軍備質量的國防科研，基本上是一種消耗型科研，它所顯現的徵性是，從業人員專門化、資訊隱密性、運作封閉型、國家資金在相關項目的投入都不會在國家經濟整體產出上顯現或顯現很少。

這種狀況有人從美國七、八十年代政府發佈的資料來探索，在當時，美國政府將國家年度科研經費的70%（約700餘億），全國1/3的科學家與工程師都投注在國防科研及軍備整備上，可是總結其對國家經濟的貢獻，其產值不到國民總產值的6%，美蘇幾十年的對壘性國防科研和軍備生產競爭，結果是拖垮了蘇聯的國民經濟，也使美國的財政收支日形困窘，並淪為世界最大的債務國。

八十年代後期，國防規劃的這一部份觀念產生轉變，有一種新觀點萌生——開始強調在國防科研方面要建立軍民通用的雙向性運轉機制。美國國防經濟學者貝諾瓦評估說，至少有40%以上的國防科研技術是會對民生經濟產生利益的，不能將之運用於創造經濟產出，提升綜合國力是可怕的浪費；而另一方面當今武器裝備革新的主要方向和特點是資訊化、精確化、輕型化和民用技術的發展方向是具有趨同性的，特別在材料、資訊、加工技術等，民用與軍用的界限更是非常模糊是極易互相轉用的。1990年5月美國國防部負責研究與工程的副部長比爾‧佩里在參議院軍事委員會中講話，主張打破國防工業與民用工業的壁壘，讓技術自由流動，他認為國防高技術產業化的研究範圍與國家高技術產業化研究的範圍具有根本的一致性，這樣做對軍民雙方及整個國

家均是有利的。

這些論點都是主張將國防科研運作由閉鎖轉向開放強調要使資金的投入由消耗轉為增殖，要把科研中的軍事技術力量與市場經濟效益儘可能的交織在一起。

1991年4月25日，美國白宮科技政策辦公室主任威廉‧菲利浦斯在「保持美國技術競爭力長期策略」的發言中指出：——光有技術並不能確保國家安全和經濟繁榮，只有學會更好地利用技術才能為國家做出貢獻。主張要以一種新的管理手段為發明創新提供促進環境；強調技術的推廣應用與技術的創新改進同屬重要，不應把技術囿限在一個圈子裏。

一般觀點，認為美國國防科研策略，長期均屬模糊，但此時在實踐上顯現了下列狀況：

（一）將大量國防科研技術解密，進行再投資，使其成為商品化的成果，推向民間轉為民用。

（二）倡導軍民通用科技研發，國防科研計畫立項時要評估研究它底民用潛力，對民用潛力不大的項目採限制性投資。

（三）國防軍備投資採「多研發少生產」的方針。

（四）放寬或修改限制武器出口的規定，全力爭奪亞非、中東的軍火市場。

八〇年後期起美國政府更積極的從機構調整、法規制訂、計畫推動等方面著手，使國防科研運轉產生轉折性的變化。

在調整機構方面實施的措施有：

（一）改組國防高級研究計畫局為國家高級研究計畫局，統籌國防部與商務部的高級研究計畫，負責軍民兩用高級技術的規劃、組織、實施、管理。

（二）成立國防技術轉移民用委員會，由高級研究計畫局組建，六個政府部門參與，負責軍用科技轉為民用的立項、審查，民用潛力鑑定、推廣等。

（三）開放聯邦實驗室，美國有726個聯邦實驗室雇用約10萬名科學家與工程師，政府每年投資200~300億美元，1991年宣佈對民間開放，積極與民間企業合作執行各種新技術發展計畫。

（四）成立技術轉移機構：1992年成立國家技術轉移中心，和聯邦實驗室技術轉移中心，在國防部及各軍種、部、局都成立技術應用處理或技術轉移辦公室，同時在大學及學術實驗單位組建技術轉移聯合體。

在完善技術轉移法規方面有：

（一）1985年4月制定國防部國內技術轉移條例。

（二）1986年通過聯邦技術轉移法，規定聯邦實驗室可與民間企業合作科研，技術轉讓、許可証貿易，並規定預算的0.5%可直接用於技術轉移工作。

（三）在國防授權法中規定在符合國家安全的前提下，國防部長有權將國防部開發的技術向企業及個人轉移。國防部還將解密的軍用技術成果資料庫和商務部的技術成果資料庫聯網，便利企業查詢。

在實施技術轉移計畫方面：

（一）成立技術再次投資計畫，對軍用微電子技術，新材料技術，傳感器技術、航太技術進行再次開發轉移民用，其間許多大公司都參與合作，如波音、洛克希德、IBM、AT&T、微計算機公司等…。

（二）成立技術控制投資計畫，在國家高級研究計畫局主導

之下，推動開發（1）既能滿足國防需求又有商業前景的關鍵技術和生產工藝。（2）發展具有明顯商業生命力和潛在軍用前景的兩用技術。（3）研究開發具有廣闊前景的兩用先進製造技術等等及執行各種訓練及技術推廣計畫。

（三）在組建兩用技術開發聯合體方面與工業界、大學組建六個研究開發聯合體，從事高密度存儲系統，平行計算機、新材料、CAD、模擬等方面的開發等。

DASH-80噴射機首次出廠時情景，其後發展成波音707客機。

並非所有的軍用技術均有民用價值均能在市場上創生利潤，這是需要作調查評估的，也要做再造性科研和推廣的，美國國防部的ARPANET轉化成因特網INTERNET）就經歷了再造推廣才形成龐大產業。DASH-80型飛機也是經過再行科研才轉化為軍用的KC-135空中加油機和民用的波音707客機，產生巨大國防及經濟利益。

美國麻省理工學院的羅伯特·索洛教授及布魯金斯學會的丹尼森教授分析認為科研投入所獲的技術產出是國家生產總值

增量的重要因素。從統計結果歸納的經驗規律顯示，像美國這樣的經濟發展成熟期國家GERD（全國R&D經費）/GDP（國內生產總值）在2.0%~3.0%之間波動，技術進步對GDP的貢獻率在60%~70%左右，九十年代美國經濟的蓬勃發展跟大量的國防科研技術釋出產生的加分作用是有關的。

以兼顧軍民需要推動科研成功的例子，不是僅美國一端，西歐國家所推動的尤里卡計畫及其後的歐幾里德計畫這些科技、軍事、民生協調共進的計畫都對鞏固西歐國防及振興經濟產生巨大影響；在中國大陸，他們在1996年10月也實施「轉化法」將許多軍工科研生產單位公司化，從航天到民生用品都作技術釋出服務，也在1995年建立軍工技術轉化推廣數據庫。

當然在國防科技釋出的一些業務作為，對工作推動順遂否也是相關的，比如說國防科研技術的知識產權問題，技術轉化再造問題、作價問題，利益分配激勵問題（美國的評估原始研發單位可以得到15%的利益），美國的經驗已可作為參考。技術釋出的時機先後選項問題也攸關緊要，這可以由市場需要效益調查、軍工技術壽命週期來考量，比如專家評估一種先進的戰機，其技術領先壽命週期只有5~8年，當開發新一代戰機時，已有的相關技術就需考量轉化，以極端保守的保密觀念隱匿技術，其意義同等於浪費國家資財。

由DASH-80發展成的KC-135加油飛機。

　　國防科研技術轉為民用的成效是由國防科技的先進性和立項規劃的兼容性決定，初期調研規劃是十分重要的，軍民分離，封閉型的國防科研策略已非國家之福了，在美國、西歐我們已經看到了他們的努力和成果，我們雖也有軍民通用科技作業，但著眼著力是需要省思的。以歐美為鑑如何努力，明末學者王錫闡在曆說中的一句話或可作為我們正確任事的參考，他說：「以西法為有，驗於今，可也；如謂不易之法，無事求進，不可也。」

撰文者：羅星珞

二十一、從知識經濟談創新環境的營造

在二十世紀八十年代，日本學者界屋太一在「知識價值革命」這本書中說：「以知識為基礎的知識價值觀正逐步取代傳統的資源（土地、物產、人力）經濟價值觀。」並預言「知識價值社會將會在世界最發達的地區出現。」九十年代「知識經濟」或以「知識為基礎的經濟」概念，大量出現在西方國家的學術論著中，美國經濟學者盧卡斯（Robert Lucas）在研究了美國近代經濟的增長因素後撰文說：「知識進展」在七十年代對美國經濟增長的貢獻率是百分之三十一，在八十年代超過百分之五十，預估在二千年將超過百分之九十。知識的累積傳播是現代經濟增長的主要因素已是一種愈形普遍的認知。

一九九六年經濟合作發展組織（OECD）針對這種趨勢，發表了題目為「以知識為基礎的經濟」報告，將知識經濟定義為「建立在知識的創新、累積、分配和使用之上的經濟」，報告中並提綱挈領的說：迄今人類所創造的知識中，涉及經濟的最重要部份是科學、技術、管理及行為科學。

為了較清晰簡捷的認知「知識經濟」，我們試著榜沿著幾個標題來闡述：

一、知識經濟的核心在於知識創新

知識創新並不單指技術創新，還指制度、組織文化的創新。杜拉克（Peter.Drucker）說創新是一種態度和實踐，是賦予資源以新的創造財富能力的行為。他認為創新有兩種，一種是技術創新，指在自然界中為某種標的物找到新的應用並賦與新的經濟價值。在產業中常被認為是帶來新產品產生新技術的作

為；另一種則是有賴於領導者實踐的社會創新，它在經濟與社會中創造一種新的管理機制，從而在資源配置中取得經濟價值與社會價值。但不論何種創新，其發展茁長與日俱進都有向特定區塊階層集中的趨勢。布雷頓（Breton）一九七五年根據美國商業部的報告歸納說：在美國二十世紀前期，所有具有開拓性的創新三分之二是由小公司或獨立的發明家推出的，可是種情形近年有了轉變，一九八〇年美國的六一二七七項專利中有四分之三為中大型公司或研究機構所取得及採用，這和科學技術研發活動的系統化、組織化發展是大有關係的。

二、知識經濟的效率依持於知識的配置、利用及推廣

它是創新管理系統效率衡量的指標，是經濟力增長和組織競爭力強弱的決定性因素。系統的知識推廣配置比知識的創生更重要，這包含知識供應者和使用者之間的配置推廣，知識的再利用和組合，兩用知識的開發轉用等。知識管理者及知識的社會創新者要及時統合資訊資源、智力資源和創新組織，把資訊技術、市場分析、經營策略串接起來為組織發展服務才可能為組織帶來資財的增長，徒有技術的創新而沒有經營策略創新，也不易為組織帶來實質的利益。一個有名的例子：軟體專家評估認為早期蘋果電腦的OS比微軟好得多，可是他們根本沒有獨立的OS推廣策略，才造成了Windows後來的發展機會。貨櫃製造是一般性的構裝技術，可是集裝運輸的概念創新卻產生了Sealand這樣巨大的世界產業。電子雞、音樂耶誕卡都不是什麼高科技，可是卻都在世界的經濟活動中獨領一段風騷，許多成功不全在技術的高深，而在創新的應用和經營的概念。

三、知識聯網與傳播是知識價值增殖發展的育床

現代知識社會中的知識已經不再是處於靜止狀態的死知識，而是處於不斷的運動變化和傳遞中的活知識。知識流動的概念和物流是相對應的，知識的管理在促進知識運轉、知識獲取、知識傳遞、知識應用而使知識增殖。現代資訊網路的技術手段，把人類所積累的知識相互聯結起來，成為人們可以共享的資源，便利的檢索與獲取系統為知識擴散提供了源泉與通路，也促進了知識創新能力的苗長。涵蓋全球的巨大網路已使整個人類與知識的再生創造運用產生了根本的變化。

有學者在研究創新環境營造的問題時分析說：在一定的區域內建立不拘形式的關係網路，可建立其成員的歸屬意識，通過協商交流的過程可強化這個區塊成員組織的創新能力，這種概念的苗發，在美國發展出矽谷、波士頓128號公路、北卡羅來那研究三角區等，在英國建立了以劍橋及愛丁堡大學為基礎的科學園，法國建立索菲亞技術區，德國建立柏林的國家創新中心。其它在許多不同國家地區都建有更多大大小小的不同的科研基地及創新園區。可是二、三十年下來，有些是成功的；可是有些則不然。一般的狀況創新系統衰頹是經費收益日益短絀成員設施日益老化，對國家地區的影響力日益減少。這種與時推移環境日塞的狀況，發生在智識經濟時代掌握了最多技術知識，占據了國家競爭力制高點的組織或系統身上是非常令人驚駭的。

一九八五年西歐國家成立了（GREMI）的研究小組，來探討這類問題，它的研究報告中認為可以從下列數點來識別創新系統環境的優劣。

（一）創新系統是否有協調的微觀，中觀和宏觀的發展規畫與運轉機制，其內部的人力資源自我組織過程與創新

的擴散運作是否與需求密切相呼應。

（二）創新系統是否能在運轉過程中不斷契合市場經濟去擴
展其市場領域。

（三）好的創新環境能提供系統內知識技術充分交流並有共
同的學習環境，而不是層層設卡以障礙分隔各部門成
閉鎖區塊。

（四）系統內的知識交流網路要一體化、有彈性的專門化。
資訊和識的交流傳播可相互引用激發，成員的交流不
僅要通過物質手段（通訊計算機網路）重要的還要通
過人與人的接觸，非正式的討論連絡；創新學者巴頓
（Doroth Leonard.Barton）說：「創新存在於人與人
的想法邊緣，而不存在於單一的知識技能領域內，惟
有不同知識技術背景者的交流交融，才容易激發出有
創意的方案。」竹內廣隆也認為將不同知識經驗的人
結合起來是創新必要的條件。總之創新環境及創新效
率，不僅與生產市場的空間關係有關，而且與創新組
織支持管理者給與的運作空間有關。

在知識經濟崛起與發展的時代，知識資本成為經濟增殖的
最重要因素，「知識」是所有資產的核心，是可以創生或轉化成
財富的關鍵力量。四百年前英哲培根.法蘭西斯（Bacan Francis）
有言「知識就是力量」，但要知道知識的力量不僅取決於其自身
的價值，更取決於被傳播推廣的深度與廣度。全世界都知道知識
創新的重要，都在建立科研與創新的組織，可是在實踐上卻因各
自的文化與領導者管理者風格不同，成效就千差萬別，在一九九
九年經濟合作發展組織（OECD）的報告「管理國家創新系統」
中特別指出：「許多國家需要糾正在公共研究領域的僵化態度；

應使法規與競爭政策需求配合，要清除不必要的障礙，才能促進商業化及經濟的進程。」在我們科研機構經營環境日塞之時，我們實在該對我們創新系統的管理及策略，多作探討，多作思考。諸葛武候有言：「思慮之政，謂思近慮遠也，夫人無遠慮，必有近憂；君子視微知著，見始知終，禍無從起，此思慮之政也」。對於科研及創新管理，先賢之言，可攻錯乎！

撰文者：羅星珞

都籠罩在一片低沉的氣氛裏。政府及有識之士遂漸體認到聯邦科研策略長久侷限於基礎研究和任務導向研究已不能維持國家競爭優勢；惟有將科技知識通過擴散和再開發手段，藉其開創新的商業機遇和就業機會，才能扭轉頹勢，才能對國家社會整體有所助益。政府迫切需要以一種新思維在管理及調控方面作根本改革才能調動積極性，重振競爭力。

在這種共識下，美國如何來改善技術創新擴散的環境呢！可以就下列幾項探討：

一、建構推動進步的法案

在一九八〇年美國國會通過了拜杜法案（Bayh Dolel Act）和史蒂文生・懷得法案（Stevenson Wydler Act），在一九八六年通過了聯邦技術移轉法案（Federal Technolog Transfer Act），接著在一九八九年又通過了國家競爭技術移轉法案，一九九五年通過國家技術轉移及升級法案等。

拜杜法案提出了統一的聯邦專利政策，允許聯邦實驗室向美國企業和大學授予聯邦專利的專有許可証，也鼓勵企業在賦稅優惠下與政府、法人訂立契約，合作創新開發。

史蒂文生・懷得法案確立政府在推廣創新技術中的角色，明確規定聯邦實驗室及其科研人員要把技術轉移擴散作為任務及責任，要負責確認創新技術的商業潛力，及推動技術擴散轉移給業界。

聯邦技術轉移法案授權聯邦機構與公司、大學、法人合作研究、開發、推廣及促進聯邦政府和協議伙伴雙方的利益，也允許政府研究人員和營利機構簽訂合作研發契約（Cooperative research and development agreement CRADAs）或商業合約，並規

定技術創新的權利金收入要分配給發明人，相關人員及實驗室。

國家技術移轉及升級法案具體規定權利金中至少15%要撥付給發明人，但每人每年不得超過十五萬美元。加州大學的例子是每年淨收入的35%分配給發明人，15%屬相關人員，50%歸校區及實驗室。

這些法案敦促政府資助的科研計畫朝商業發展，也激勵優秀的科研人員在規範下積極創利。雖然在政界有些領導人為這種作法表示憂心，可是權衡對國家整體利益這樣做是利大於弊的。

二、發展各種資料庫及網路便利科研及產業查詢及運用

（一）由NTIS及NTIC在政府出資支持之下彙整聯邦各實驗室、大學的專利、發明、可移轉技術、進行中的研究計畫建立技術資料庫，並在開放的網路上提供線上查詢服務。

（二）透過各種專技學會、技術法人整理了豐富的人才資料庫，產業只透過FLC、NTIC網路就可以找到聯邦實驗室、大學各方面的產業技術專才。

（三）另外也建置了各種專門產業資料庫，法院判例資料庫，並發展技術管理評估系統，產業發展訓練系統等。

三、輔導技轉服務產業發展

（一）鼓勵設立技術管理及服務公司，估計在美國從事技術仲介及顧問的公司超過五百家，從事的業務包括市場調查評估、技術評估，尋找投資伙伴、權利金管理、技術仲介等。

（二）在研究機構如聯邦實驗室、大學成立技術移轉組織，在州政府成立技術中心，撮合研學產合作並資助發展經費，提振地區產業發展。

（三）推動成立眾多創新育成中心，在美國創新育成中心超過五百家，這些育成中主要由學校、政府及非營利組織設立，提供場地、設備、資訊給創業者，它促進了技術擴散交流及產業發展，根據AUTM單就大學為對象的調研報告顯示在一九八〇年有技術移轉的大學只有25所，目前已超過240所，年獲專利從不到250件增至一九九八年3224件，技術授權之商業化計產生28萬個工作機會，成就每年335億美元以上之經濟活動。

由此我們可以瞭解這些法規及環境的改善作為已對美國產業產生巨大影響。當然這也影響了科研人員的意向；一個案例：賓州大學教授海弗立克在一九七六年因販賣受政府輔助之研發成果WI-38細胞株被國家衛生研究院控告，罪名是「偷竊政府財產」學校也將他交給司法人員。然而在新的法案通過之後，他不僅在學界揚名立萬，也獲准經營他的特有產業。他無限感慨的說「現在情況和我在一九七六年的遭遇完全相反；今天，你如果沒有握有某種專利，不是公司股東或顧問，你在這個領域可以說乏善可陳。」

美國技術擴散策略的成功，終激發世界各地一片迴響；在一九九八年日本步踵其後制訂了「大學等技術移轉促進法。」一九九九年經濟合作與發展組織（OECD）在「管理國家創新系統（Managing National Innovation Systems）的報告中說：「我們正面臨根本的變革，知識技術通過擴散開發成為一種新的商業機遇和就業機會，這種過程非常複雜。國家管理調制的系統方法是在

提供一個合適的途徑，促進發展。」也敦促的說：「許多國家需要糾正在公共研究領域的僵化態度，以保証研究與經濟的結合」也應使「法規與競爭政策配合，清除不必要的障礙，才能促進商業化的進程。」「要使創新者與全社會從更大商業化程度中獲得利益。」一九九九年七月英國政府的白皮書「建設知識經濟，挑戰競爭未來」（Our Competitive Future;Building the Knowledge Driven economy）中也宣稱「政府決心使公共研究機構的成果儘可能地商業化；並對現在的做法進行調查，要在一九九九年內提出建議。」新觀點的技術擴散作為，蔚然已成風潮。

在實踐上檢討科研機構的技術擴散衍生可分兩種。

（一）是轉讓技術於本體之外，原創者從中獲得權利金，並使研發投資獲得補償，創新行為得以延續。這種技轉過程是極其錯綜複雜耗時費日的，接受者因環境、能力含混的法令、人為的障礙致錯失商機。為減少難度，在技術擴散環境營造中就需在法規及政策上鼓勵原創人的轉移或參與，以人為載體的「隱含經驗類知識」通過互動及人員流動，使技轉易於成功，易於系列化發展並有機會創造更大利潤。

（二）在科研機構下發展衍生公司，也容納企業體以合資、合伙、合作方式參與，這種方式比較容易把握時機環境、人力、物力條件也比較容易成功。

中國大陸在一九九六年方實施「轉化法」中兩個成功的轉化案例值得探討：

（一）一九九四年北京大學計算機研究所得到國家資金開發「彩色照排系統和新聞綜合處理網路系統研究案。」在技術發展成功後一九九六年再由國家計委及國家教

委提供人民幣1200萬元有償使用資金成立北大方正公司，著手建立中遠期研究開發、系統測試、銷售培訓、售後服務的一條龍體制。初期就取得了3至5億元的年營收，近來竟發展成大陸第七大高新企業。

（二）一九八四年大陸中科院投資現金人民幣20萬元，讓其屬員柳傳志（西安軍事通訊工程學院出身）等十一人，攜出新開發的資訊產品及部份研發設備創立聯想科技公司，並宣稱將企業的人事權、財務權、決策權交給企業。後來柳等創造性的進軍香港並出擊世界市場，經過16年打拼共創造了270億元人民幣的營收。聯想想集團也被評為大陸電子百強的第一名。中科院在一九九四年還宣佈將聯想35%的股權分紅送給該企業員工股權會，中科院只保留65%股權。聯想遂將資深管理者全數轉入股權會，而企業轉由一流的年輕繼任者打拼，這樣一舉調升了員工整體的積極性，也解決了所謂「元老問題」。

接照統計經濟學者的分析，技術進步對經濟增長的貢獻，在發達國家已達到60%~80%，發展中國家平均水平則約為35%。技術創新擴散對國家經濟有根本性的影響，已是一種普遍性的認知。OECD報告中說：（一）技術擴散對于全要素增長作出的實際貢獻，常常超過同期生產率增長的一半以上，（二）其典型貢獻超過直接R&D的作用；（三）技術擴散對全要素生產率的影響在80年代比70年代大得多。生產率的增長，日益依賴國際間的技術擴散。

「現在是一個由資源經濟走向知識經濟的時代。」我們若不能在法律與策略上正確評價知識的載體（原創人）給與相應對

價，我們那裏能斂聚提振知識經濟的中堅力量；在衰退時代一切該就追求經濟發展和創生利潤來考量，強化創新擴散就是優化配置技術知識的運用，使國家資源發揮最大效益。

我們發展軍民通用科技已近十年，也有技術推廣組織及業務。可是環顧國家的技術擴散環境與十年打拼成績是需要省思的！英國政府的白皮書中說：「要（即刻）對現在的做法做出調查……並（在同年內）提出建議。」是一個睿智政府做的行動範例。

列子上說：「損盈成虧，隨世隨死；往來相接，間不可省，疇覺之哉？」策略良窳國家榮枯是一脈相繫的，在技術擴散環境的營造上，我們真有需要改革的認識嗎？

撰寫人：羅星珞

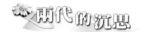

論述、參考資料

一、國防科研計畫評估與尼采三原則

1. 國防科學技術論　　　　溫熙森等　國防科技大學出版社
2. 科技項目評價方法　　　王憑慧　　科學出版社
3. 未來美國軍用油料發展概論　黎文濟等　國防工業出版社
4. 美軍高技術項目的管理　張連超　　國防工業出版社
5. 美軍武器裝備採辦要覽　辜希等　　航空工業出版社

二、從知識經濟談創新環境的營造
　　增殖型國防科研的實踐
　　通用科學技術擴散環境的營造

1. 創新的空間　　　　王緝慈　　北京大學出版社
2. 科技產業轉型　　　隋映輝　　人民出版社
3. 技術創新擴散　　　武友春等　大連理工技術經濟研究所
4. 軍工知識產權概論　李仲篪等　國防工業出版社
5. Our Competitive Future：building the knowledge driven
   economy　　　　　　　　　　　英國政府白皮書
6. Diffusion of Innovations Everett M.Rogers
   創新擴散　　　　　　　　　中央編譯出版社
7. Transforming the Arsenal of Democracy
   　　　　　　　　　　　　　Jacques S.Gansler
   　　　　　　　　　　　　　The MIT Press1995
8. SCISENCE-The Endless Frontier
   　　　　　　　　　　　　　美國國家科學基金會1980版
9. OECD Managing national innovation Systems
   　　　　　　　　　　　　　學苑出版社
10. 武器飛機圖資料主要取自珍氏光碟資料庫

二十三、憶念

達摩東來中土，有人問他所為何來？他留下一句偈語：

> 吾本來茲土，傳法救迷情，
>
> 一花開五葉，結果自然成。

六十年前，師祖渡海來台，在偏遠的大溪落腳，他向齋明寺的當家主持租了一塊荒地蓋了三椽瓦屋，開始了他在這個島上的傳法志業，他在這裏種下第一粒藏密的種子，然後細心的呵護著它的成長，四十餘年的耕耘讓密法的枝葉一點一點的蔓延開來⋯。

民國七十年左右，我第一次跟著師父到這裏來籌辦當年的中元普度，初履斯地，心情有著新奇也有著酸澀。這時，三椽瓦屋已經頹敗，陳舊的老屋一邊緊鄰著庶民寄骨的塔室，一邊緊貼著大漢溪的懸崖，到處都是斷垣殘瓦，環境雖然幽靜，但此地終是一個為人所棄的邊緣絕地，怎麼都想不出一個曾當過浙江巡按使，當過省長叱咤風雲的人物會落腳在此隱居。師父說師祖在這靜修時除傳法外幾已與世俗隔絕，這兒每天能聽到的除了梵音佛號外只有鳥的啁啾、虫的唧唧，幾十年的靜修，已與昔年顯宦少有往來，只有幾個念舊的江浙當權晚輩，會在隨侍時順道過來探望這個耆老。

師祖圓寂後埋骨的郊山，竟距我台北的住家不遠，大約只有二個公車站的距離。有一年的清明節，大伙跟著師父去為師祖掃墓，在山峰的入口處，經過一座建物，這是昔年師祖在此所建的傳法道場，師父對孩子們述敘開始建立這個道場的因緣，也描述當年大德高僧們在此傳法的盛況，稚年的兒童對這些隔代的故事無法理解，只是迷惘的望著琉璃瓦頂和建物裏的壇城。這次朝

山，孩子們或許受了宗教虔誠氣氛的影響，祭奠後比大人更為賣力的打掃墓前落葉，清理遮掩背壁「永懷耆宿」題辭上的蔓藤。

後來山下為了興建高速公路，「佛剎」被拆除了，經過很多年，才克服層層阻礙，在山腰的平台上重建新的道場；這是棟二層的琉璃瓦建物，雖然不算很高大，但面向還是十分莊嚴，道場正廳的門楣上鑴著師祖的法語：

色空雙融，色即是空空即是色；

輪涅不二，輪而為涅涅為輪

後來發現在我家的陽台上，竟能看到半山上佛剎閃閃發光的金頂，從此我總不期而然的仰望著那座山峰，看天的朝光霞色也看山的雲起風生，每當看到剎頂的層層煙靄漸漸漫散開來化為甘霖，我就想起師祖渡海而來傳法救迷普施法雨的志業；六十餘年耕耘，密法在這裏不僅有了傳承，也已花繁葉茂結實纍纍了。

撰文者：黃美媛

二十四、我是這麼相信的

　　一個女孩參加舞會，他相信適當的打扮是他的依靠；一位男士上台演說，他相信專業的知識是他的依靠。人生旅途上一路走來，我們依靠世俗上的老師，教導謀生的技能及做人做事的道理；但是，我們更依靠心靈上的導師，教導我們生死無懼的道理，並且帶領我們了生脫死：生的時候無慚無愧，生意盎然，生猛潑刺，江湖任我行；死的時候，寧靜和平，瀟灑自在，滄海一聲笑！

　　做壞事、招惡業，忍受內心的不安、焦燥、煎熬、折磨，心如地獄餓鬼；做好事、招善業，享受心安無事、萬頃無波的喜樂，心如天堂樂園。然而，這天堂地獄仍脫離不了善惡相對，獎賞與懲罰，有迎有拒，有希求有恐懼的兩個極端。超越了這兩個極端才是大歡喜、大解脫。心如螢光幕任你放映自導自演的悲喜劇，螢光幕依然空白不留畫面，故知，任何現象只是自心的反映。心是空性，始終如一，沒有生滅，沒有增減，沒有垢淨。

　　佛陀是覺悟者，他全然了知世俗的真理與究竟的真理是鳥之二翼相成，缺一不可。由「老吾老以及人之老，幼吾幼以及人之幼。」由「已所不欲，勿施於人」到「已所欲，施於人」，更知道天下萬物和我一樣，都有追求「離苦得樂」的同理心。由此修心養性（佈施、持戒、忍辱、精進、禪定），達到明心見性（智慧）。知道心中無一物，不惹塵埃，知道萬事萬物的顯現都好像播放電影一樣，聲光畫面栩栩如生，但都是假相。知道盡本份，做應做的事，沒有「非要成功不可！」的壓力，也沒有「失敗了怎麼辦？」的焦慮，當下專心一意地做就是了；沒有「得」也沒有「不得」，就只是做了。這麼一來，捆綁自已的繩子慢慢

鬆了，有一天，不知怎地，繩子就脫了，得到自在。

捆綁自已的繩子鬆脫了，看到別人還被「愛恨情仇」「患得患失」「欲撈水中月」的繩子綁得死死的，就會很想告訴他一聲：「嘿！醒來！醒來！別鬧了，這只是一場夢而已，是假的！」這樣由「修心養性」漸次達到「明心見性」的階梯，就是依止上師的教誨，願天下萬物都得到真正的快樂，知道一切宇宙現象和人的喜怒哀樂都像空中雲彩，來無影去無蹤，是空性。把自已的善念善行迴向給眾生，希望他們也能修持慈悲心和空性的智慧，終究得到解脫。

無論誰具備了慈悲心及空性的智慧，誰就可以開悟成為覺者。「眾生皆具如來智慧德相，只以妄想，不能証得。」佛陀是這麼說的！

撰文者：黃美媛

二十五、我是這麼聽到的

─參與、溝通、不執著─

養寵物是小孩的最愛，但可能是父母的最不愛。雖然與小動物相處可以教育孩子尊重生命、愛護生命、培養責任感，但家家卻有本不同的經，也許可以藉養寵物的機會，促進兩代之間的溝通和親子關係。

一、李媽媽：「混蛋？你罵誰混蛋？」

小明：「我不是罵你啦！我只是生氣，誰叫你不讓人家養小狗。」

李媽媽：「養狗？你會幫它把屎、把尿、餵飯、洗澡？好玩的事給你，狗皮倒灶的事交給我？罵我混蛋，去去去，去跪在祖宗牌位面前，說二十次李小明是『混蛋』」。

二、浩浩：「媽，你快來看，『來福』一動都不動，我叫它，它都不理我。」

許媽媽：「它中飯吃了沒？」

浩浩：「只吃了一兩口，剩下的我倒掉了。」

許媽媽：「你倒點濟眾水給它喝，再蓋條毛巾，不要吵它…再不好，明天帶它去看獸醫…。」

浩浩：「媽，我好擔心，它會不會死啊！」

許媽媽：「不會啦，拉拉肚子，清清腸胃就好了！不會有事啦！」

三、小萱：「媽，我不會給狗狗擦屁屁，那我養小鳥好
　　　　了。班上有人養烏龜，有人養天竺鼠…。」
　　吳媽媽：「鳥籠下面要舖紙喔！每天要換才不會臭
　　　　臭，要養一對才有伴啊！」
　　小萱：「好啊，我們幫它取名歡歡、喜喜，每天都歡
　　　　歡喜喜。」

─沒有分別，當下就是─

　　有人覺得供品要用進口的高檔的水果、供花也要用進口的
高貴花材，才算盡心盡意，覺得佛菩薩也因此會更歡喜。其實，
佛那有分別心。供的是我們的清淨心、恭敬心、歡喜心，由上供
的緣起，油然生起佛與眾生不二的平等心。

　　站在水果架前，紛紅駭綠的各色水果，不管是進口的或本
地的，第一眼讓你驚艷的就是好供品。每一顆水果都是吸收日
月精華、風調雨順養出來的好因緣、好結果。即使省產的芭樂
也是上好的供品，不必第二念的去想：芭樂的子消化不了，不能
供佛。當下一眼，鮮、翠、綠、甜的好心情，已經是最上等的供
品了。就好像玫瑰花的嬌美、香郁與梗上的刺是分不開的，世上
那有沒刺的玫瑰花。有人認為有刺的花不能供佛，可惜，供養的
虔誠心、歡喜心、平等心通通被這條金鍊子綁架了。被貪嗔痴五
欲的鐵鍊子綑綁，得不到解脫，被金鍊子綑綁也一樣得不到解脫
啊！

　　五月天的一個下午，車子經過三峽，大家都被眼前的景色
攝住了。山頭上白花翻浪，油桐花隨著山風一波未平，一波又
起，滿山遍野的油桐花都是翩翩起舞的供養天女。隨心歡喜，心
心供養。天上人間，一片花海，是花神，是內心深處，自心本性

的無雲晴空,平等一味:天地位焉,萬物育焉,森羅萬象,生意盎然,都是「緣起有、自性空」。

打開心眼,當下第一念,簡單、明了、沒有分別。

一自淨其意:沒有好,也沒有壞一

一、餐會上,周太太不停地數落老周的不是:分家產的時候太懦弱,不敢和弟弟爭,淨吃虧。在辦公室,一坐三十年,同時進去的老廖已高升主管了,老周還在原位踏步。點點滴滴的嘮嘮叨叨有如山洪狂飆把老周罵得一無是處。隔天,我問老周為何不辯解,老周竟然說:「我太太心中的怨氣已滿溢出來,一定很苦很苦,夠可憐了,我怎麼可以再回嘴?」

二、小陳老大不小,已經三十好幾了,還是單身,他弟弟妹妹都結婚了,各有家庭。陳媽媽病重住院,小陳辦公室、醫院兩頭跑,換尿布、餵飯、擦澡,無怨無悔。我問他:「你一個大男人,做這些事,怎麼你弟弟妹妹,其他家人不幫忙?」他回答:「弟妹家務忙,分不開身。小時候我媽照顧我,現在他老了,我只是做同樣的事而已!」

三、快速道上,冷不防,一輛賓士車超速、硬擠、換道、超車,揚長而去,司機老彭破口大罵。坐旁邊的老張說:他不守交通規則,是他錯,你生氣有理。但是難不成,你再超車找他幹架,兩敗俱傷?傷身、傷氣、傷心。山不轉,路轉;路不轉,人轉;人不轉,心轉。讚嘆他技術高超,不就得了。當下清涼,火中生紅蓮。憤怒轉化為欣賞,心平氣和,低心下氣,不必

得理不饒人，鬆一鬆，緩一緩，漫天烏雲，煞時風消雲散，轉得神清氣爽。平日修行儘在這一剎那：放下。

─順其自然：不多不少，不落兩邊─

一、大伙兒爬山，山道水溝邊，開滿了野薑花，大人小孩興高采烈，比賽看誰摘得多，摘的花大。唯獨老蔡手上只拿兩支，站在一旁，欣賞夏天午後，一派爛漫的山色，笑聲風聲水聲鳥聲，喧嘩熱鬧。老黃熱心要幫老蔡多摘幾支，他卻回答說：「兩支剛好，供桌上一邊一支，不多不少。」

二、大伙兒正在討論到底是「要」還是「不要」；既然「想要」是貪愛，「不想要」是厭惡，那豈不矛盾？兩難啊！

老楊說：「譬如肚子餓的時候吃東西，好吃時不多吃；難吃時，也不少吃；吃到剛好，不多不少。不必礙著臉面怕別人嘲笑貪吃，故意少吃，也不必為了討好或怕吃虧故意多吃。順其自然，不落兩邊，沒有「要」也沒有「不要」。

撰文者：黃美媛

二十六、我家的屋頂花園

我家住在四樓，那是多麼高興，多麼得意的事啊？因為如此，所以樓頂上的一切，都屬於我們的了。爸爸在樓頂蓋了一間屋子，闢了一個花園，種了許多花啊草啊、樹啊，引來許多蜜蜂、蝴蝶，使得它，多采多姿。

妹妹和他喜歡的舊家花園。

花園裡的萬年青、美女櫻、桑樹…等，許多花草樹木昆蟲使整個樓頂生氣蓬勃也吸引著全家人。爸爸每天下班回來，第一件事就是上樓澆花，拔草，不忙得滿頭大汗，絕不罷休，只要爸爸看到泥土溼潤了，花盆、花圃裡沒有雜草，他就會恨高興。媽媽最喜歡在早上摘下他那辛苦施肥澆水的茉莉花供佛，這樣她會很喜悅。我和姊姊每天放學回來，一切事情都不管，先衝到花園大玩一場再說，我們可以拿著水槍打水仗；把許多野花、野草加水和一和，做各種藥水，假裝給花治病。還可以學爸爸吃桂花，聚精會神的嚼一嚼，看看能不能嚼出味道來。夏天一到，誰

也沒興趣在又悶又熱的飯廳裡吃飯。都愛在花園吃，讓微風輕輕吹過，讓花兒草兒在微風中輕輕的為我們起舞。夏夜，我們都喜愛搬兩把椅子到花圃，坐一把，另一把翹腳，一起講故事。一起賞月亮，一起數星星。

花園裡的花草樹、蟲兒、鳥兒越來越多，越來越熱鬧。可是我們卻必須搬家了。曾經，我們因為擁有這花園而得意，而高興，但卻要離開它，我們是多麼的捨不得，多麼的傷心。現在。每當我們經過舊址時，總要抬頭望一望，看看那曾經爬滿水塔的萬年青，是否依然青綠，依然旺盛，看看那花園是否依然熱鬧，依然生氣蓬勃。因為，它曾讓我們擁有過快樂的童年，也讓我們在人生的旅途中，留下美好的回憶。

撰文者：羅時菁於中正國小

二十七、探索孔夫子

　　「探索孔子的思想」對我來說，還真是一個巨大的挑戰。這一年的通識教育課，我都浸沉在先秦思想的書籍裏，為了總結這段心得，經過好幾個星期的思考，決定將這篇心得與感想分為十個部分來闡述，依次是（一）孔子的家世及出生背景（二）儒家之溯源（三）六經的傳承（四）孔子傳記（五）義與利（六）知與人（七）政治與仁（八）詩學與仁（九）性與天道（十）孔子與傳說。如有分法怪異處，還請多海涵。

周遊列國（蒙古乃馬真后元年「孔子祖庭記」）

（一）孔子的家世及出生背景

　　在周公東征以前，魯國早已有文化了（東夷族的文化），而東夷族和商朝有很深的關係，他們原已有自己的語言，制度等等，是不同於陝西來的周文化，所以實際上，孔子的血緣家族是殷商的後代，其所接觸週遭的環境亦是殷商文化，這因此而對孔子造成了某種程度上的衝突。所以雖然孔子平常教學生的制禮作樂是周文化，但是孔子的整個宗教信仰及生活習慣等等，甚至

是所做的夢，都脫離不了殷商文化的影響，故孔子的思想是文化衝擊的產物，而其了不起的地方是他超越了民族主義、部落主義的侷限，而能去欣賞其它民族的文化。

據記載，孔子之父比其母的年紀大很多，有人考證說孔子是父親和母親"野合"所生。關於"野合"，更有一說是其父母於野外的某一土丘上禱告…而得到這個孩子，但實際上是在野外的一個神聖土丘上性交而生，因此孔子的出生被認為是件神聖的事，故他一出生就被認為是擔負著神聖使命的聖人。

（二）儒家之溯源

所有的學術原都是官方的東西，後來才流到民間，它是用來幫助人君順陰陽，明教化的。它的宗旨是仁義，以六經為依據，繼於堯舜文武一脈至孔子，並由後人繼續承接。

在最早的階段，人類的一切精神活動大多是透過宗教來進行，故宗教的領袖多同時是政治的領袖，而巫在當時則是掌握所有知識的人，所謂「巫巫覡者，其智能上下化義，其聖能光遠宣朗，其明能光照之，其聰能聽徹之。」由此而將巫巫覡者的道德地位提高許多。

商是重視鬼神祭祀的部族，他們常祭祀，又認為可以藉喝酒來解消人格至歇斯底里的狀態來神遊，更易進入見到鬼神的狀態，商朝的喝酒是有其文化因素的。

孔子從小就喜歡玩祭祀的遊戲，和一般小孩不大一樣，而且又喜歡曾點所說的願至沂水沐浴，吹吹風唱唱歌再回來。孔子年輕時即以擅長禮出名，不過這邊所說的禮是指具有宗教義含的禮，在當時懂禮即有職業，尤其是在喪禮中（有點像現在殯儀館的那種）。由此可見孔子和殷商文化有密不可分的關係，不過孔

子認為人和祖先，和天之間的密切關係中，必須加入禮的因素，藉禮來成全人格（而非消解人格），才能對道德有所反思，對祖先有正確而成熟的態度。

最後整理==>

始巫術宗教　（1）解體的人格==> 儒之世俗（宗教禮儀）
　　　　　　（2）宗教的知識
　　儒家　　（1）道德人格
　　　　　　（2）道德的知識

（三）六經的傳承

六經：詩，書，易，禮，樂，春秋。

六經是前人的遺產，而非孔子的創造，孔子主要是搜羅編輯並挖出其意義，及建構其間之串連關係．這在當時是公共領域所必備，若不懂這些根本無法立足於政治舞台。

詩==>詩最容易讓人感動，最其有震撼力，偉大的詩歌能讓靈魂回昇。

書==>當時公佈的文告，都多少反映出那個時代背後隱含的某種意義。

易==>易經除了講到占卜講到命運外，更包含了更深更多的意義。

比如說我個人認為，易經就是現代生態主義背後最有力的根據，如果說，只是因為破壞生態會對人類不好，所以才提倡生態主義，那也未免太自私了吧！那假使說今天發現水泥它比自然的地對人的生存來的更方便且又能克服掉所有可能的弊端的話，那我們難到就要把綠地都變成水泥地了嗎?所以說我們應該要探討的是人類憑什麼去毀滅其它生物，憑什麼去決定其它生物的命

運的哲學問題，或是去問萬物和諧共存的意義，而不是指關心對人類是否有利乎…。

禮==>人在完整的價值體系成長，要能反思才能不和社會脫節，但也不必怕會失去自我。因為深入社會結構越深的人，往往自我反思的能力也越強烈。（Ex：魯迅顯然就比李敖強很多吧！）

樂==>大樂與天地同合，代表著和諧的精神。

春秋==>歷史的記載及歷史的判斷。

六經的功用==>

（1）詩以道志，書以道事，禮以道行，樂以道和，易以道陰陽，春秋以道名分。

（2）其為人也溫柔敦厚詩教也，疏通知遠書教也，廣博易良樂教也，絜靜精易教也，恭檢莊敬禮教也，屬辭比事春秋教也。

一個人可以反對某一首樂，某一篇詩，某一種禮.但絕對不可以反對或否定詩樂禮的重要性。

一個完整的人格不只要學禮，還要會判斷歷史，判斷政治，會唱歌彈奏等等，要能將六經轉化為一個網路，並化成自己的意識才行。

孔子的貢獻 =>

（1）全面整理六經

（2）使成普通教育題材

（3）價值觀轉換

（四）孔子傳記

孔子的生命發展線相當的有人間性 ，比較不像耶穌或釋迦

牟尼那樣缺乏人間性而略顯不真實，論語記載孔子的生命發展線「吾十五而志於學，三十而立，四十而不惑，五十而知天命，六十而耳順，七十而從心所欲不逾矩」。

其實孔子一生的發展，可以貼切的（至少本人認為是貼切的啦！）區分為三大階段。

分別是：

（1）興於詩==>讓生命躍動，鼓動與生具有的生命力。

（2）立於禮==>個體人格的成長漸漸和外在社會的規範有所互動，即成為一個社會人也。（關於禮的部分在上節六經的傳承中已講述過）

（3）成於樂==>和諧也！！但不是「同」而是「和」喔！就比如，白開水加白開水只是「同」，單調而乏味；而廚師用許多材料和佐料烹調出一道美味才是「同」，是屬於異質中求統一的整體性和諧也。（老年的境界）

再對孔子的一生做個大體上的整理==>

（1）詩：人格的躍動、本能無意識的、初期的自我

（2）禮：人格的建立、理性意識的、社會和自我統一

（3）樂：人格的完成、意識與無意識統一、各種異質之和諧統一

再來寫幾篇令本人心有所感的心故事吧==>

（1）孔子真正想做的職業是政治家，想要把當時屬於權力的政治轉變為隸屬於道德的政治，而其成為了思想家也只是偶然的。

（2）孔子不被魯君重用後及去周遊列國了；在宋國時孔子和一群學生在一棵大樹下聊天，結果宋公就命人把那

棵樹砍掉,暗示孔子快滾。在陳蔡絕糧時,孔子仍絃歌不輟可見音樂以及琴對孔子的重要性。（真令人感動,在被全世界的人排擠下,仍能藉琴聲來撫慰傷口,撫平情緒,對世人仍充滿了當初所具有的積極及期望,仍能不忘初衷……一鼓莫名的傻勁,知其不可而為之…不知到底是為了什麼,……）。

（3）還有隱士對孔子唱「鳳兮鳳兮,…」,可見當時之人都把孔子當殷人看（鳳是殷商祭祀文化中的圖騰）。

（4）孔子去世前還夢到自已家鄉的（殷商的）祭祀 （唉…,……不知道怎麼形容讀到這一段的感覺） ,在此,本人有一個疑問,如果孔子理想中的禮（社會規範）和當時所盛行的禮有很大的衝突及差距時,個體該怎麼辦,要怎麼和社會互動,怎麼讓自我和社會統一而進一步達到各種異質和諧統一的境界?????。

孔子在宋（明正統九年刻「聖跡圖」）

（五）義與利

義與利的各種定義及比較==>

（1）君子喻於義小人喻於利。

（2）義：社會公益，天理道德。（對大家都是好的）

利：自己肉身上的慾望及快樂。（只有慾望）

（3）見利思義 （合於公理的利才可取）ex：富貴且不義於我如浮雲。

（4）楊朱：人人都追求自身的利益而不傷害他人，社會就不會亂==>但是如此一來，人和人之間的關係就會太過獨立冷漠無法形成有秩序的社會。

（5）墨翟：人人都追求大家之公益，社會就不會亂==>但如此，則人與人的關係界線就太過模糊曖昧，依樣無法建立有層次有秩序的社會。

（6）義：做事的行為標準是以整體大多數人來考量，較能建立社會秩序。

利：做事時考量的範圍較小，義只侷限於自身，較無法建立社會秩序。

（7）追求義，易超越肉身的感覺，易和社會融合在一起。

追求利，易淪於肉身的感覺，不易和社會融合在一起。

（8）有人認為（我曾經這麼以為），追求社會全體之最大利益，往往也可讓自己連帶獲得最大利益。

但是我就想啦，不一定利人利己的利就是符合義而可取的利吧！ex：老師說大家都直接給九十分而不必上課，這樣對老師學生來說都是件輕鬆愉快的事丫，雖然說是利人利己，但卻不一定真有正當性而合乎義。而且如果大家處事都只想到以輕鬆愉快為原則，那麼這種作事態度就很容易深植於社會中，造成社會結

構的鬆散而導致衰頹墮落，反到變成既不義又不利了。

所以說孔子認為（本人也相當贊同），義是個人對於去做正當的事的一種感覺判斷，而通常由此而得的結果也是自然而然有利的。（不過這種感覺層次比較高，也不容易掌控because of天生的惰性及劣根性，所以一般人仍需要禮來做具體的規範．不過當然還是以兩者能相輔相成為最好。

更進一步的說明，義與利皆是來自道德之正當性情感，即道德的主體性，也就是說，人對於有關道德的事自然而然的在自己內心都會有所感覺。ex：側隱之心，人皆有之；羞惡之心，人皆有之。

但是有時卻發現，動機（是不是誠實的面對自己的正當性道德情感來判斷義與不義）和結果（結局是不是帶來了利）的矛盾。比如 ==>

（1）動機不義，結果卻大利 ex：秦始皇 ，隋陽帝…

（2）動機朝義，結果卻不利 ex：社會主義的鬥士 ，歷史上的某些清官們…

想一想，總覺得是道德和歷史之間的弔詭…。

不過，若再想一想正當性判斷的問題的話，又會發現，要有健全完整的人格，才能對正當性有好的判斷，才不易欺騙自己的道德情感，也才能將義與利做完美的結合。

（六）知與人

先引一篇王艮的樂學歌做起頭吧！

「人心本自樂，自將私慾縛，私慾一起時，良知還自覺，一覺便消除，人心依舊樂。樂是樂此學，學是學此樂，不樂不是學，不學不是樂，樂便然後學，學便然後樂，樂是學，學是樂。

嗚呼，天下之樂，何如此學，天下之學，何如此樂。」

（真是把學和樂的關係作了最好的說明了丫…）

所以說「知之者不如好之者，好之者不如樂之者。」

又有所謂「知者樂。」

真正有價值的知識是讓心體得到自由的知識；人要學習如何讓知識升華成對身心有益。強調知識是要能讓本質呈現，能更容易的去除障蔽，而和此知識的規則融為一體，進而內化而與生命結合。

關於know that和 know how的知識中，尤以 know how是屬於需要內化而體驗的知識。就好比personal knowledge（個性化，人格化的知識）是必須要能和自己身體韻律結合的。

所謂「知及之，仁不能守之，雖得之、必失之，」大概就可以為以上所述做一個好註解。

孔子的樂教（元刻「士林廣記」）

（七）政治與仁

孔子的民本政治觀：

（1）尊重人權 ex：傷人乎？不問馬。

（2）崇尚和平 ex：子為政，焉用殺？子欲善，則民善矣。

（3）反對特權

（4）尊重人民

（5）尊重公益

（6）倡導薦舉

所謂：政者，正也。

那麼孔予認為正名的重要性為何呢 ==>

（1）正名是為了鞏固國家的統一和平

（2）正名是為了革命的大義（當上位者無道時）

（3）證明是為了確立善惡賞罰的標準

說到孔子對於革命的態度：

根據記載，當時魯國的公山弗狃及晉國的佛肸曾因要起而「叛亂」（革命），而邀孔子一同前來共襄盛舉，孔子亦曾欣然欲往，結果遭到子路的質疑（質疑與正名的衝突性），雖然說孔子後來沒去，但這一段記載讓後代的注釋家手都發軟，不知如何下註解。不過到了孟子倒是有一段話大概可為此作解釋吧==>非弒一君也，弒一獨夫也。

孔子主張的大同思想：

其實孔子早年是贊成小康制度的，到了大約五十歲以後才漸漸轉變主張世界大同的。而在大同得世界裡，孔子希望能實現三大項==>

（1）博愛的精神（但要在大同的世界才能博愛，否則在孔子的時代裡，愛還是要分等級）

（2）民主和平

（3）生活平等（任何人不應受到生活匱乏的威脅）

這邊做個個人心得的整理：（依時間先後順序）

（1）客觀的依據　　名分秩序（正名）

（2）主體的動態　　個人修養秩序（正身，正心）

（3）運作的層次　　政治秩序（治國平天下）

再來說說道德和政治的關係吧！

有人把道德和政治的關係分成四類==>

（1）政治道德化

（2）政治非道德化　ex：法家

（3）政治和道德各自獨立不相干　ex：現在某些人的想法

（4）政治服從道德（辯証關係）　ex：儒家吧

　　比如像秦始皇，當初做很多事的動機是為了自己能方便控制老百姓，要不然就是自私自利，專制獨裁（當初的做事風格遭到很多人唾棄，憤恨，認為不道德）。但是他做的很多事到後來反而有大貢獻。我想，這大概就是歷史的詭譎吧。理性的詭譎吧，歷史人物通通都會成為理性的工具，道德的玩偶，誰也逃不掉。

（八）詩學與仁

詩的功能：

（1）詩者，多識於鳥獸草木之名；

邇之侍父，遠之侍君；

可以興，可以群，可以怨，可以觀。

（2）體驗真實生命就是仁，而詩可以興起我們最真實的生命。

（3）詩可興其好善惡惡之心，而好善惡惡之心即仁。

（4）詩是道德的活動，亦是情感的活動。

（5）詩者，至之所之也，在心為志，發言為詩。

（6）……。…使萬物莫不適之。

其實，對我而言，詩就是將很短暫的瞬間的氣氛凝固下來，捕捉到永恆的一種概念。譬如說陶淵明將田園給他的感覺及感動凝結為一首首的田園詩，讓其他較沒有接觸田園的人，或是感覺尚未來的人，也能開始去體會田園的美好，或受到田園的感動。也就是說，雖然田園本來就在那兒了，但就因為透過陶淵明的詩，才讓它更具體的呈現在世人心中，使我們知道。

所以說，偉大的詩可以將許多東西從無到現，甚至到無窮。也就是，透過詩歌，世界才得已呈現。故，千萬不要只把詩當作一種工具，因為詩是具有內涵和價值的，詩的本身就具有憤怒，解放的力量。

更真實的說，我覺得詩就是可以讓人透過一種感動，而覺得生命變得不一樣，增多了不少東西，讓生命躍動。簡單的說，就是興於詩啦！

而這個「興於詩」的「興」字，可分為三層意義，如下：

（1）主體性（主體的覺醒）

　　=> 對於微妙絪微得志向能有所感。

（2）社會性（社會文化的符碼）

　　=> 好的詩是要既能隱晦，但又具深邃的涵義，可以是當代普遍性的一個縮影。

（3）宇宙性（自然之感興）

　　=> 讀了詩之後會覺得人和自然萬物之間有一種神秘的關係，莫名的關聯，讓人感動，但又說不出…

（九）性與天道

「下學上達，知我者，其天夫。不怨天不尤人。」（嗯！…我超愛這句的，讀起來就是一種雖千萬人吾往矣的豪壯…）愛，是強烈的道德情感，可使自己生命進化，在體內warm up，使自己感到存在，感到生命，感到世界的歡愉溫暖。

所有的意識發展到最後就是宇宙意識（天地萬物合一的感覺）。

人類的氣擴展到最後就是浩然正氣。

論語其實可以說是易經的延續。

（十）孔子與傳說

歷史的孔子==>歷史上所考證的孔子。

象徵的孔子==>各個不同時代所塑造出的人們心中典範的孔子。

譬如說，有博學化的孔子，有悟道化的孔子，有易經化的孔子…，而其中易經化的孔子是可將道德賦予生命化的意義（道德意識=>道德情感=>體氣=>宇宙萬物交流合一）

總之，以前大概認為能將宇宙生機和道德生機合而為一者才是聖人吧…。我心中的孔子…算是一個可愛的人吧，…一天到晚喜歡不斷反思，又愛思考人與人，人與社會，人與自然的關係…又能堅持自我的理念……具有一鼓傻傻的衝勁……嘿嘿…真可愛…。

結語：

終於打完啦…經過好幾個星期的思考與奮戰。幾乎都快要活回孔夫子生活的時代了…不過，想來裡面著實有許多本人不成

熟的思想…若有可議處，還望老師多包涵囉…，還有…偷偷跟老師說，…，雖然上課都聽不懂您在講「啥」不過…，因為您指定了這份報告…。讓我能好好的思考到一些問題喔…謝謝老師了！

撰文者：羅時菁於清華

老師的評語：

終於看完啦！經過數十分鐘的奮戰，很多文句思考不知從那兒冒出來的，與「孔…」文好像沒什麼關係，不過還是寫得不錯啦（散彈打鳥，焉得不中！）。

二十八、在矛盾中尋求和諧統一之美的林銓居

　　嗯…看完林銓居的畫展之後，我想也許可以用兩個字來形容他的畫和他的人——矛盾！從他的人來看，他是農家子弟但卻有著濃重的文人書卷氣；此外，他基本上是一個相當熱情的人，但是他的熱情總是偷偷的一點一點慢慢的釋放，平常是不容易表露出來的；還有，他一方面有對台灣本上有濃厚的土地感情，另一方面又對中國磅礴的山水景緻有莫名的嚮往。再者，從他近一兩年的畫作來看，他的許多油彩作品中包含了西方的素材的使用、中國傳統繪畫中多視點的運用和皴法的模擬，另一方面在台灣山水的描繪中又摻入了中國古代文人生活的悠雅；並且，在純樸敦厚的構圖中，舖陳出華麗的色彩筆觸；在西方技巧中帶有東方精神，在水墨技巧中又富涵現代感。除此之外，他還身兼旅遊文學作家，從小即有根深蒂固的閱讀習慣。他本人即指出，中國古代的詩歌（ext古詩十九首）、夏目漱石出世超然的美學、卡爾維諾抽象的思維etc都對自己的思考方式及人生態度等影響很深。所以我想開始先簡述林銓居的背景和其矛盾的特質，是有助於了解其後對其畫作的分析。

　　林銓居其實是在近五年才開始從事繪畫創作，而且也一直到最近一兩年，才慢慢找出他自己覺得比較好上手，而且有相當自信能表達其繪畫理念的畫法。首先，我們來看看其早年他就讀文化大學美術系國畫組時所畫的的幾幅作品，從「紗帽山居圖」中我們可看出林銓居丟棄了傳統中國畫中多視點的使用和既定的皴法，取而代之的是最直接面對大自然的寫生，而且看他樹林的畫法也使用了近景深、遠景淡和一點消失法等西洋寫實技法。由

此我們可以推測他這時建立了一個觀念，也就是真正的藝術是源自心中對於大自然或從生活中得到的最直接的感動，而不是從古人山水畫的臨摹中得到。不過，如果再看他隔一、兩年後畫的另兩幅作品。「紗帽停雲圖」和「枯筆山水圖」，卻發現他又重拾古人精美皴法和多視點描繪（俯視、仰視和平遠觀）的使用。雖然說，這幾幅只是學生時代的習作，而且，此時的林銓居也無意從事繪畫創作，更遑論其矛盾中求統一和傳承東方內在精神於畫作中的使命感的繪畫理念的形成，但是我猜測，這仍隱約的為他日後在傳統與現代、西方與東方在其畫作中比例分配使用的衝突與掙扎中埋下種子。

再來，我們看看他在1997年左右所畫的炭筆水墨素描。以「龍角峰下望」為例，這些炭筆水墨素描多是以實景寫生為主，遵循西洋寫實的一點透視法來畫水墨，但筆觸間卻不斷在模擬、思考若是用毛筆畫在紙上會出現怎樣的肌理，怎麼樣皴擦的感覺、下筆的輕重等，最後再以淡墨去染。而且我們可以發現大部分這些炭筆水墨素描中，整個畫面的反差相當大，山的部分多是層層重重模擬皴法的筆觸的堆疊，再加以墨色的渲染；而水的部分則幾乎留白，沒有多做波紋上的描繪，這和林銓居在1998年左右所作的扇面水墨在黑白反差極大的的感覺上頗有相似之處，而這也這不禁讓人聯想到明末清初龔賢的「怪山怪水」。另外，林銓居在這些炭筆素描中開始思考到如何讓「路」入畫的問題。很顯然的，中國古代畫中的山路，基本上多是泥巴路或碎石路etc，既能夠和附近的山水景緻融為一體，又具有引領人們的視線進入山水圖畫中神遊的作用。然而，現代的馬路則多是和景物格格不入的柏油路，林銓居因此而開始嘗試採用現代馬路入畫又不顯突兀。

　　而在林銓居1997到1998年間的水墨作品中，大量使用到扇面or長卷等等來描繪蝌蚪、蜂巢、蟬或筆墨硯等等東西，感覺就像在緬懷中國的傳統生活，也很容易讓人聯想到齊白石畫中常會出現一些蝌蚪、蝦子、瓜果農具等、好像畫家本人還在過著清靜休閒的鄉間生活、閒來沒事就描繪一下日常生活中會出現的東西。這些都在在呼應了林銓居嚮往寧靜悠閒的心情。

　　再來要談談林銓居在1998年左右所畫的油畫山水，先以「芹山俯瞰」為例。這時，林銓居大致上確立了多用長軸來以多視點描繪山水的習慣，取代了西洋畫法中用黃金比例的畫布，而以一點透視法描繪。另外，由於他對於台灣山水強烈的情感已無法只用黑與白來表達，故他開始採用了大量的綠色、咖啡色加入畫面中，此與中國傳統畫中多用青花、赭石的習慣相呼應。另外，在筆觸上則模擬了中國繪畫中的皴法，嘗試用筆毛和畫布間皴擦的感覺來表現山的肌理紋路，也因此而造成了其質樸的構圖中有華麗的畫色筆觸的現象。但是，若仔細看他的「芹山俯瞰」這幅作品可以發現，和同年所繪的其他作品，如：「山路十六」比較，這幅比較像是在玩筆觸皴擦上的實驗，而較少去經營一整個山勢的起伏或走向，缺少了山和山之間互相連結綿延的氣勢，徒剩一堆華麗的色彩東一堆、西一陀 的， 反而感覺雜亂。相較之下，「山路十六」等作品就開始找出了既兼顧筆觸又連貫整幅山水起伏的表現方法。我們可以發現林銓居在這幾幅類似的作品中，樹木都是畫的一團一團的，然後漸漸地，樹木和山好像融再一起，山也變得像樹一樣一團一團的，再也分不清哪一團是樹、哪一團是山了。感覺上有點像一堆很豐腴的女人的肉體，互相糾結在一起變成土壤肥沃，樹木繁茂的山丘，全部的山和樹和土壤都融為一體。另外，我們也可以發現，在 「山路十六」和其

他幾幅畫中的海平線都不是水平的，反而是畫成圓弧狀，而山崖下的海水也總是感覺不平靜，甚至，其空間感有點違反常理，好象整個海面是凸起來的，而且隨時會到處湧動，湧向山間、湧向樹木，所以有時候整張畫面會感覺相當不安定，好像山和海都隱隱存有一股很大能量，躍躍欲動，隨時都會爆發另一波的運動般。

再來，我們看看林銓居在1999年所畫的一系列的長軸山水畫，包括「洗硯圖」「醉月圖」「春耕圖」、「臥遊圖」。在這些畫作中，我們可以發現，之前很有肉感的山水畫法已不復見，畫面慢慢趨向寧靜雅緻的氣氛。除了利用大量的油料去讓顏料漫漫暈開化開等模擬中國水墨畫法的感覺外，山的走勢也讓人覺得很熟悉，彷彿在中國傳統的山水畫中會看到的一般，當然多視點的運用是不用說了，像是在「醉月圖」中，兩個文人模樣的小人放酒杯的那張桌子，居然畫成較遠處的桌界比較寬、較近處的桌界比較窄，這是完全不符合西洋一點消失法的。還有畫面中會出現洗硯啦，臥遊啦，賞月喝酒啦。古代文人會做的事，再度透露出林銓居所嚮往的生活。另外，在「醉月圖」中林銓居月亮的畫法也相當有趣，感覺很像石濤在「廬山觀瀑圖」中所畫的彩虹般，並不很真實，卻饒富趣味性，另外，畫家在「上邪之冬雷震震」中所畫的閃電也表現出了異曲同工之妙。還有，在「春耕圖」中畫面約右上方有兩顆糾結在一起的樹木，這樣糾結在一起的兩顆樹似乎常常出現在林銓居的畫作中，我記得以前北京不知道是哪個很著名的園林中，也有相鄰的兩顆樹卻長出長長的樹枝糾結在一起，而一些和這兩顆樹相關的愛情傳說也都應運而生，所以我想我們也許會懷疑林銓居畫作中重複出現這兩顆樹不知道是不是另有深意，尤其他在「上邪」一系列描繪濃

烈情感的畫作中也出現了類似糾結的樹木時，更是讓人懷疑其相關性。另外，值得一提的是，林銓居在描繪不同季節的山川、水流、霧氣、天空等的顏色變化各不相同，想來是其農家子弟出生使然，從小幫忙農事，對於節令天氣山川水色等大自然自是觀察入微。

最後要說一下林銓居在1999年所畫的「瓶竹圖」。從瓶口看來似乎是俯視圖，但從瓶底看來又似乎是平視圖。而瓶子所放置的桌子，由於使用線條勾勒輪廓，再加以同一顏色的平塗法，造成時而下凹、時而側凸的空間變化，而且以象徵君子的竹子作為主題，又讓其竹葉生長方向有像光芒四射一般的感覺，造成一種趣味性。我想，此類作品和「上邪」之類結合文學作品所做的想像，超現實又略帶裝飾性的畫作，毫無疑問的是較為popular、較不艱澀，也較易於為一般大眾接受。然而，關於林銓居其他探索東方精神、本土山水和西洋技法等等矛盾中追求統一的創作，雖說才剛起步，也尚有許多瓶頸得一一突破，但是這應該也就是最讓人期待他會再創造新的繪畫格局的地方了吧！

林銓居自己也說了，一個好的藝術作品應該是既能表現出人類的共同情感又不失創作者個人性格，而且能在種種矛盾當中求得統一和諧的藝術，才是最上乘的。當然啦，在我個人看林銓居在1999年間所畫的一系列的長軸「文人畫」所感覺到的是許許多多的矛盾湊在一張畫面中，卻不怎麼能相互溶融。期望在未來，我們可以看到這些矛盾互相融合統一創造出和諧之美，表達出心懷中華文化的台灣人的共同情感。

撰文者：羅時菁於清華

二十九、談陳澄波的「夏日街景」

「將實物理性地，說明性地描描繪出來沒什麼趣味，即使畫得很好也缺乏震撼人心的偉大力量。認真的依感受運筆而行，作畫的感覺會更好些！」（陳澄波）

夏日街景

陳澄波這句名言正好貼切的詮釋了他的這幅名畫「夏日街景」。1927年，陳澄波以這幅「夏日街景」的油畫，入選第八屆日本帝展（另一幅「嘉義街外」1926年入選）。這時他正在東京美術學校師範科學習美術，在暑假時他也都會返回嘉義，並常常和其他人一同出去寫生描繪故鄉的風景，這就是那時的作品。我們從「夏日街景」畫面中稍遠的噴水池、左方的榕樹影子，和畫中人或撐洋傘、或穿無袖洋裝的情形，推想，這幅畫應是在描繪夏日艷陽高照下的嘉義市區中央噴水池一景。

　　根據林玉山的說法，陳澄波在畫風景畫之前，都必需對景物作很仔細的觀察，並且做很多草稿。但是在最後完成時，卻有許多地方不符肉眼所見的真實。譬如這幅畫作「夏日街景」中，整幅畫作，只有左方近處的榕樹有正午太陽照射下所投射的陰影，其它的畫中物體則是沒有影子、或是影子過淡。而大片平塗黃的土地則平坦光滑得近乎不真實；左邊撐洋傘的婦人，遮陽傘並不是撐在頭頂的正上方，而是撐在後腦杓的正後方，這種撐法可以遮太陽，騙鬼呢！還有，整幅畫也不用「一點透視法」而是作多視點的使用。（ex：畫面正前方的榕樹和路人是平視，灌木叢是在稍右的地方俯視，而畫面處的黃的土地則是在更高的地方俯視。）儘管畫面中有這麼多的不真實，這幅「夏日街景」仍然能使觀者感覺到自然且有力，喚起觀者心中真切的感受。

　　相信大家在拍照時都曾有過的經驗，…在看一個優美的畫面時即迫不及待的按下快門，以為已抓住了那一瞬的美麗，但結果卻常令人大失所望，於是我們才知道，只是去框住美景中的真實之物並不能抓住瞬間的感受，還必須要去manipulate這個畫面。在攝影時，我們常利用相同或不同的形狀、線條、以及色彩組合，使畫面產生韻律節奏與豐富的量感，並穿插不同的素材以增加趣味，避免過度呆板和一致。同時也利用焦點、明暗、色彩、紋理的比對，清晰地表現出令人震撼、有力量的畫面。在陳澄波這幅畫作「夏日街景」中，不難發現這種manipulate的痕跡。（ex：三個圓形灌木叢和筆直電桿的穿插，旋轉筆觸的綠榕樹和一大片平塗的黃土地的明暗、色彩、紋理、冷熱對比etc，…）。另外，多視點的安排無形中拓寬了視角，讓一大片街景在70X98cm的畫布上不會顯得過分擁擠侷促。當然這幅動人心弦的「夏日街景」除了描繪出視覺上的感受外，還勾起了許多人夏日

中曾經有過的聽覺上的、嗅覺上的、觸覺上的矇矓記憶。凝視陳
澄波不同的「街景」圖時，依稀可聽到噴泉的水聲、人們的談笑
聲、帶草帽的小女孩跟著媽媽吵著要冰吃等；也依稀可聞到騎樓
下人家飄出的飯香，⋯依稀可感到撐洋傘婦人步履的跚跚⋯。

「我希望事物的神秘性，能比我們肉眼所能見到的，更進
一步的被揭開來，更清楚地展現在我們面前。」（攝影家Edward
Weston）

攝影家追求並渴望得到這種境界，畫家亦然。其實說穿
了，這種神秘性就像我們日常生活中從眼角瞥見的印象或對某些
事件的矇矓記憶，或是在心中一閃即逝的抽象意念，於日後的某
些時刻，總會沒來由的激盪我們心神。在這幅「夏日街景」中，
陳澄波留住了這種一閃即逝、難以捉摸的神秘性；而駐足在這幅
「夏日街景」前的我們幾乎也觸碰到了這種神秘性。

也就是因為這幅「夏日街景」中的神秘性，讓我們越想深
入探索時，越覺得我們是住在那兒，而不僅是在看一幅畫。

撰文者：羅時菁於清華

嘉義後街

127

三十、我看達芬奇

達芬奇自畫像

達芬奇是每一個人從小就耳熟能詳的西洋畫家，而且只要提到達芬奇大部份的人立刻就會在腦海中浮現蒙娜麗沙的微笑。拜消費市場之賜，長久以來以蒙娜麗沙為名的消費產品簡直不可勝數，甚至連一些流行音樂都在她身上做文章。所以說實在的，看到這麼多人喜歡蒙娜麗沙，有時還真懷疑是真的發自內心的喜歡，還是只是一種消費或廣告所產生的效應。不過，不可否認的達芬奇的蒙娜麗沙的確是一幅會讓許多人不自覺的觀看良久的畫作，所以我想，雖然這次展出的是一幅摹作（高森堡的蒙娜麗沙），不過既然已經公認是全世界摹得最好的一幅，所以我想我應該可以稍稍說一下自己感覺吧？（嘿嘿…雖然多多少少自己的感覺也一定會受到其他專家學者或書本的影響，不過我不會贅述太多的啦，因為老師一定早知道啦…）

達芬奇擅長刻畫人物的內心世界及性格，但是，人是何其複雜的動物，其內心世界及性格豈是一目了然或是三言兩語可以說得清楚的，有時候連那個人自己本身都不大能說的清楚自己了，更遑論其他人。而繪畫（視覺藝術，達芬奇極其重視視覺）就像是一種修辭藝術，想想卡爾維諾曾經試圖挑戰文字的極限，仍不得不承認文字其自身所具有的侷限性，但是正因為其為有限，所以其中更可以包含了無限，比如說即使是同樣的一段文字仍會給不同的讀者不同的感覺，及不同的理解，而這甚至更超出了文字的作者所能想到的，…（嘿嘿…不過當然啦，卡爾維諾本意可能不是這樣，不過很不幸的被我曲解成這樣，…真抱歉，

…）所以找想，蒙娜麗沙的微笑之所以神秘及偉大，就在於達芬奇把這種修辭藝術玩到了極至；——雖是有限的表達卻予人無限的想象及玩味。

我訪問了我的一些同學，每一個人對蒙娜麗沙的感覺幾乎都不相同，有些甚至是對立的（譬如有人覺得蒙娜麗沙的微笑是詭異的，有人則一點都不覺得有啥詭異之處）。而看看那些專家學者所做的研究及推測，也是五花八門，我個人則把這事想的比較簡單，因為我覺得對這幅畫有興趣就好像對一個人有興趣一樣，不過這可是一個真實的、複雜的、矛盾的人，而不是那種已經被簡單化、符號化、神格化的人（比如聖經中的人或希臘羅馬神話的人），而我個人相信這個人是達芬奇而不是蒙娜麗沙，因為從達芬奇長年將這幅畫攜于身邊修修改改而不趕快完成交給委託人來看（這應該不能單純的以其追求完美來解釋吧？），達芬奇所畫的蒙娜麗沙已經不是最初他要畫的那個蒙娜麗沙了，之後我猜一定更漸漸地把自己的潛意識（達芬奇自己）投射到其中去，就像是一開始他畫蒙娜麗沙時還要找人在旁邊演奏營造氣氛給蒙娜麗沙（這感覺很像侯孝賢拍海上花時買一堆古董擺設、給演員穿考就的古代服飾、叫演員熟練水煙管使用等等來營造現場氣氛，以期使演員自然融入其中），但到後來則變成揣摩這幅畫當成自我探索（自我治療）的過程了。因此我想，要去瞭解蒙娜麗沙這幅畫就等於是要去瞭解達芬奇這個人。可是，達芬奇已經死啦!我們甚至是對於跟我們相處在一起的活人，觀其行、聽其言、與之聊天、打聽其過去經歷或經驗等等的觀察都未必能瞭解他（她），更何況是對達芬奇這樣一個早就死去的人，而且他絕對不是正常人。不過無論如何，他總是提供了後世的人一個精力發泄的的好去處…讓大家把精力用在研究他…。

　　達芬奇用科學的方法來畫畫，他不但觀察各式各樣的人表情的變化，更觀察表皮下面的構造（為此解剖了幾十具屍體）。不過我覺得他不但用了科學來畫畫，他更用了哲學來畫畫。他後來有幾幅作品，像是「施洗的約翰」、「肉身天使」、「蒙娜法那」（這幅不全是他畫的）等，都具有類似「蒙娜麗沙」的微笑及雌雄莫辨的特性（不管是看得見的性徵或看不見的感覺），有人說他創作的形象沒有新鮮感而且有定型化的缺陷，但是我卻不這麼認為。我覺得看看他其它的素描或「最後的晚餐」等等，都可以知道他絕對有畫「新鮮感」的畫的能力，但是他所關心的應該不限於此，我相信他關心的除了科學外更有哲學，讀他晚年跟法蘭斯瓦的對話、沈思及談文論道等等就可隱約猜想到他更是一位了不起的哲學家，因此我相信在他的「微笑」背後除了藏有其相當程度潛意識的投射外，也更有著他自己的哲學觀。而這可能還遙遙地領先這些研究他的專家們，就像當年他在科學上的成就遙遙領先大家幾百年一樣（姑不論他的研究方式）。

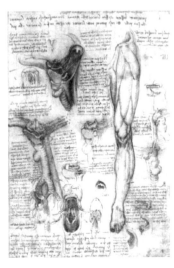

達芬奇的解剖畫手稿。

　　對於這幅「蒙娜麗沙」我還有幾個小問題和想法。首先是對於縹緲幽遠的背景，相信蒙娜麗沙一定不是在這樣的場景之下被畫的吧…（嘿嘿…姑不論有誰說他以飄飄渺渺氣韻生動的幽遠山水為襯景，來烘托人物形象，使情景共鳴而達情景交融，以景抒情的作用。）而我所想到的是我們常常對於某一件事或某一次的經歷，在許久之後重新回憶起時，對於人物、事由或對話等等一點都記不起來，但對於當時的場景，譬如當時草地的芬芳、風的清爽、山的曲線、犬的吠聲、陽光的和煦等等卻無比清晰，而由此所勾起的接踵而至的感覺更是如此完整，即使是無法用文字或語言表達。因此我猜想，搞不好這幅畫的背景，即是達芬奇對某幾次重要經歷場景的記憶喔。另外，對於蒙娜麗沙的胸部，我老覺得怎麼看怎麼怪，感覺它起伏的曲線不大像一般正常女生胸部的曲線，乳溝也長得怪怪的，嗯！不知道是啥原因，是那個時代的衣服穿起來會讓胸部塑成這樣呢？還是我自己的眼睛有問題呢？

　　最後最後，有件事雖然跟蒙娜麗沙沒啥關係，但我實在很想講，嗯…由於我有去參加達芬奇特展學術座談會，原本是抱著可以更加認識達芬奇這個怪人的心態去的，結果沒想到那些學者啥不好談盡談教育問題。雖然說，的確，達芬奇在繪畫之外有著多樣的成就及才華，especially在科學上（雖有人懷疑那是否算科學，不過我想那是無謂的懷疑）更是精采，簡直可稱他是個全才，但是很多人開始關切起臺灣的教育來，希望能培養出更多的達芬奇的這種想法，我個人覺得簡直是無聊透頂。因為第一，達芬奇是個怪人，他絕對不是個正常人，很多成就不凡的天才常常都不是正常人，而有誰會寧願自己的家人朋友被教育成成就不凡的天才，但卻是個怪人呢？第二，雖然今天在職場上需要越來越

多的跨領域的人才（不是天才喔），但在學術研究環境中，幾乎都是要全心投入其研究中，且一直有申請經費及出產paper的壓力在，幾乎不可能有誰能跟達芬奇一樣今天對解剖有興趣就搞搞解剖，明天對光學有興趣就弄弄光學，這樣東搞西搞除了浪費經費，讓研究生無所適從外，還能搞出啥東西，所以我一點都不覺得有再出一個達芬奇的必要性或可能性，這種人不可多得也不能多得。

蒙娜麗莎

縱然如此，我還是覺得大家應該多多學習達芬奇培養多種興趣，不過這絕不是希望大家要盡力使自己變成一個全才，只是希望大家可以是個興趣廣泛、心胸開闊、生活充滿各種各樣的趣味、能夠理解及欣賞不同領域的奇妙的、快樂的普通人罷了。

撰文者：羅時菁於清華

三十一、加入WTO對台灣教育市場之影響與因應對策

一、WTO與教育市場

台灣在民國九十年獲准加入世界貿易組織（World Trade Organization, WTO），這開啟了國內外產業自由競爭的大門。WTO的宗旨是藉由談判的方式，排除各國政府對貿易所設的保護壁壘，促進貿易的自由化，並為國際商業活動提供一種普世的基本運作規則。

在當前經濟自由化與全球化的趨勢下，透過WTO的運作，可以預見其所帶來的產業全球性競爭與企業國際化發展，這也將提高各國企業對國際化人才之需求。因此，如何調整國家人力結構與提昇人力素質亦將成為當前各國政府的首要任務。

在WTO影響下，台灣教育事業亦將朝開放的趨勢發展，從基礎教育至高等教育，我國教育市場都將受到不同程度的外來競爭。在要求放寬各國限制性的教育法令，支持人才流動，取消政府對教育市場的壟斷等共同規則的要求下，台灣的教育市場將面對包括學生來源、辦學人才供需、遠距互聯網市場的競爭等挑戰。加入WTO，對台灣的教育環境而言，可能帶來激烈的競爭，但同時也隱含著未來教育事業發展的新契機。因此，應以積極的態度去面對，乘勢建立符合趨勢國情並具競爭力的教育事業。

二、WTO與教育服務業

根據WTO締結的相關服務貿易總協定，教育服務受到「服務貿易總協定」規範，成員國彼此間承諾願意通過談判與協商，

消除彼此的分歧，促使各國政府下放辦學權力，逐步取消限制性的教育法律與法規，開放教育市場，最終在世界範圍內形成自由開放的教育環境。

「服務貿易總協定」（General Agreement on Trade in Services, GATS）規定：凡收取學費，帶商用性質的教育活動均屬於教育服務貿易範疇，所有成員國均有權參與競爭，並敦促各國需制訂承諾減讓表。根據其規定，教育服務貿易有四種提供方式：

（一）跨國提供服務：如透過網路教育、函授教育等形式提供。

（二）國外消費：如直接到國外某大學進修或留學。

（三）商業據點呈現：如國外辦學機構來台設置分校。

（四）自然人呈現：如外籍教師來台任教或我國教師至國外任教。

同時在承諾減讓表上必須對以上四種服務貿易方式做出下列承諾。

（一）市場開放之限制：指締約方開放市場給予其他締約國不低於減讓表中同意且明確規定之條款，且不採取任何限制措施妨礙他國進入市場。

（二）國民待遇之限制：指在已承諾的的條件下，締約國給予另一締約國不低於本國同類型服務及同類型服務提供者所得到的優惠待遇。

在檢視彼此承諾的程度上則區分為：

（1）完全承諾：代表對於提供的服務業型態市場開放，全無限制。

（2）不予承諾：意味該成員國不承擔任何義務。

（3）部分承諾：代表有條件式的限制。在WTO規範下，教

育事業將分為不同類型以不同程度運作。

到民國九十二六月止，我國之承諾事項如表一所示。

【表一】我國教育服務業承諾表

提供服務之型態：
(1)跨國提供服務 (2)國外消費 (3)商業據點呈現 (4)自然人呈現

行業或次行業別	市場開放之限制	國民待遇之限制
學生接受中等教育（僅含高中教育、技職教育及為殘障學生提供之技職教育）、高等教育、成人教育、其他教育等所述教育之留學服務業（代收學費及授課除外）	(1) 無限制。 (2) 無限制。 (3) 無限制。 (4) 除水平承諾所列者外，不予承諾。	(1) 無限制。 (2) 無限制。 (3) 無限制。 (4) 除水平承諾所列者外，不予承諾。
教育服務業中之中等教育（僅含高中教育、技職教育及為殘障學生提供之技職教育）、高等教育、成人教育、其他教育等	(1) 無限制。 (2) 無限制。 (3) 除以下限制外，無限制： ● 校長／班主任及校董會董事長必須為中華台北人民。 ● 外國人擔任校董會董事者不得超過三分之一且總數不得超過五位。 (4) 除水平承諾所列者外，不予承諾。	(1) 無限制。 (2) 無限制。 (3) 無限制。 (4) 除水平承諾所列者外，不予承諾。

三、WTO下之高等教育與成人教育

在傳統教育服務業之四大分類上（國民教育、中等教育、高等教育及成人教育），政府提供的國民教育及中等教育，對其

他會員國來說，由於不具商業競爭性，亦無經濟意義，所以本文將不予討論。由於WTO僅規範商業行為，著重在降低及解除國與國之間教育服務業之壁壘，並以輸入與輸出之談判為手段。因此，可預見未來在談判的過程中，他國必將會依服務貿易的四類型態對國內教育市場提出開放的要求；反之，我國亦可向國外教育市場提出相關要求。國內在高等教育與成人教育（補習教育）等方面，可預期地將較其它層級的教育，受到更大的影響與衝擊；而相對的，也將可以思考我們對外的發展。

當今許多國家都瞭解，藉由WTO，可發揮教育以外的外溢效果與影響力，在政治與經濟上產生重大影響。以美國為例，以西元2000年來估算，世界各地至美國之國外留學生為美國帶來每年約美金一百零二億元以上之經濟效益，這些留學生在學成歸國後亦將帶回美國的政經文化價值觀，並對母國產生深遠的影響。在WTO之下，教育服務已然以商品的形式存在，並遵循市場法則運作，在1980年代，英國產生一種變革，因政府對學校的金援遞減，學校營運逐漸邁向市場商業機制，以期在學術品質與商業行為中取得平衡。類似情形亦發生在荷蘭，學校與私人產業有更密切的合作關係，學校提供研究技術服務給產業以爭取更多的資金。這種風潮對某些亞洲國家教育政策產生影響，開始允許私人大學的設立，同時外國學校亦得以在其國境內提供高等教育的服務，馬來西亞積極鼓勵私人產業投資教育事業即是一例。

另外，由於知識經濟與終身學習社會的到來，大學回流人口將持續成長，教育服務日趨多元，教育型態之重大改變：如虛擬大學、遠距教學大學、國際性聯合大學、雙聯學制大學都將應運而生。由於新資訊、通訊高科技、無線電、衛星、視聽、電腦軟體等之快速發展，特別是網際網路的運用，遠距學習將成為盛

行的行業。網路在高等教育變革中被視為重要的貢獻者，網路使高等教育自過去以學校、教師為中心的授課方式變為以學生學習為中心的學習模式。例如美國加州大學洛杉磯分校、杜克大學、史丹佛等校之網路教學課程即是。在「虛擬大學」的發展上，一些新的教學機構融合公立機關與私人產業的力量。如WGU大學係美國西部十七個州長與IBM、AT&T等著名產業協力創辦的，這所正式登記成立的學校，獨立地、非以營利為目的且授予學位，但其教職員、課程並非自屬，而是來自其它公、私立教學機構之支援，透過網路向學生進行遠距教學。

在成人教育方面，許多國家於1970年代開始，教育體制歷經急劇的變革，激盪產生出新的教育訓練課程及多樣化的學習型態，尤其是非正規學校、非正規大學之成人教育（終身教育）更受到重視。例如：瑞典、澳大利亞、英國、日本及紐西蘭等國已採取相關措施以鼓勵人民參加此種型態的學習課程。青年人的成人教育服務業（終身教育）在OECD國家已有相當的成長，為符合此類消費者的需求，課程結構、傳授方法亦趨多樣化「非大學」型態的教學機構因應而生，網路及遠距教學日趨重要。

關於加入WTO後對我國高等教育暨成人教育之影響，本文分別就外國教育服務業進入我國市場（服務輸入）與我國教育產業轉進外國市場（服務輸出）兩個部分，針對WTO下之四類服務之型態分作分析。

表二為加入WTO後對我國高等教育暨成人教育活動面向之簡表。

【表二】加入WTO後我國高等教育暨成人教育活動之面向

		服務輸入	服務輸出
提供服務之型態	（1）跨國提供服務	外國學校、補習學校提供本國人遠距教學服務	本國學校、補習學校提供外國人遠距教學服務
	（2）國外消費	本國生至國外進修、留學、遊學	外國生至國內進修、留學、遊學
	（3）商業據點呈現	外國人至國內設分校、補習學校	本國人至國外設分校、補習學校
	（4）自然人呈現	外國人來台授課	本國人至國外授課

四、教育服務業之輸入

■ 高等教育

（1）跨國提供服務

　　遠距教學可跨越空間與時間之限制，未來勢將顛覆傳統之教育形式。開放遠距教學，對於我國遠距教學課程製作水準提昇有助益，但亦影響我國教育環境。如果遠距教學定位於教學方式，只涉及課程與學分認定問題，對我國的教育市場影響較小，但如果涉及學位承認，將大大降低國人出國求學成本，對國內學校招生與校務運作將產生重大壓力。

　　依據教育部88年公佈的「國外學歷查證認定作業要點」第九條第二款規定「以遠距教學方式修習，其學分數超過總學分三分之一者。」不予查證（驗）認定，因此，外國大學所進行的跨國提供服務，自然亦必須受此一規定所規範。此一規定未來若更加放寬，必定衝擊我高等教育學位頒授、學分的承認以及雙聯學制的實施，因為網路教學相對於直接設置實體學校成本較低，外

國名校若透過網路教學授與學位,將會對我國產生不利的影響。

(2) 國外消費

本國生至國外留學、遊學已行之有年,在加入WTO之後對此部份活動應無重大改變。但此部份可能值得注意的是雙聯學制的問題,所謂雙聯學制是指,學生可於修業年限內,至不同的地區與學校進修,學歷亦受到雙方學校之承認。而在實施雙聯學制前,首先必須讓實施的國家間互相承認學位與證照,課程之教授應用彼此可理解的語言,在行政管理上應注意成本與效益,學程設計能引發學生共鳴,並廣泛為社會大眾接受,這些都是雙聯學制成功的要素。

另一為本國生赴大陸進修,由於無語言障礙、學費便宜及生活習慣相近,大陸未來將成為本國教育產業的主要競爭者之一。現階段未開放大陸學歷採認,但未來若赴大陸進修者日多,將形成一股壓力,大陸學歷認證之開放將成為我國教育事業的重大議題。

(3) 商業據點呈現

一般普遍認為外國大學到我國設立分校,將對我國目前已近飽和的高等教育造成直接且嚴重的衝擊,短期內,將促使若干大學因而面臨招生不足,甚或危及我國高等教育的營運。但外人來台設校成本較高,且教育部對此亦有相關規範。如依「私立學校法」的規定,外人來台必須先設立學校,方可設立分校,而設校的相關規定遠較設分校嚴格。另「私立學校法」對設校有特定範圍之土地取得規定,由於台灣目前土地取得不易,本項規定儼然已成為外國人來台設校之門檻。又如規定私立學校董事長與校長需由具中華民國國籍人士擔任,以及外國人擔任私校董事比例不得超過三分之一,且人數不得超過五位的限制[註一]。以上

均未超過現行私立學校法之規定，意即我國加入WTO之前與之後，對外國人來台設校之條件並無予以新增放寬標準。因此，有關各界關切教育服務業承諾開放後，外國名校若紛紛來台設立分校，將影響我國各大專校院之招生現象之發生機會應相對較低。

但值得注意的是，目前教育部已著手規劃修訂「私立學校法」，欲放寬相關規定，依修正草案第二十五條的規定「董事應有三分之一以上曾從事教育研究，或同級或較高級教育工作，具有相當經驗者，其認定基準，由中央主管機關定之。」，同條另規定「外國人充任設校法人董事之人數，不得超過董事總名額二分之一。」，相關規定的修改，已放寬外國人擔任私校董事比例的限制。為避免在某些狀況下可能產生學校被外籍人士買下的情形，關於大學董事、董事長由外國人士擔任之比例與名額，是否應採保守審慎的態度？值得討論。

外國人來台設置或投資學校，未來應只限於兩種類型學校，一是與國內授課有明顯區別的（如：餐飲）學校。另一種是可直接與國際接軌的高中等學校，學生畢業不需再經托福、GRE等考試，可直接進入其國外大學就讀。但這類學校是提供特定學生之教學服務，因此目前在國內市場所佔比例仍低。

（3）自然人呈現

此為具教師資格者之自由移動，在高等教育中，教師開放由海外借調，有助於學術交流的推動。關於教師借調，各校教評會都有明文規定，一般以一任為限，而國外教師借調來台亦受該教師之學校規定。但由於借調海外教師在國內任教薪水相對國外低，所以國外教師往往不願來台任教，因此常常無法借調到國外優秀教師。

另中小學英語師資部份，教育部所定之「外籍教師聘雇管

理辦法」係依就業服務法，對於雙語學校及私立中小學聘雇外籍教師之資格規定，須符合兩項條件，大學以上學歷、當地國家之教師證，始可在台授課，此部分未來可能衝擊本國培育之英語教師工作權，值得關注。

■ 成人教育

（1）跨國提供服務

外國補習學校透過遠距教學方式提供教學服務，應多以語言教學為主，由於此涉及商業活動，將成為本國提供語言教學之補習學校之競爭者。但以遠距教學提供語言教育之收益是否可負擔固定費用支出成本、此方式之教學成效與社會大眾之接受程度等，值得探討。

（2）國外消費

此部份活動如本國生至歐美等國語言學校進修或遊學，已行之有年，將不會有重大改變。

（3）商業據點呈現

外國人來華設立短期補習班，可增加學生選擇短期補習班的機會，並提高短期補習班競爭壓力，提升整體素質，但外國人設立短期補習班如經營不善倒閉，將難以追究責任及處理善後。我國加入WTO後，外國人得以公司行號型態經營短期補習班，目前教育部原則同意國內短期補習班得依公司法以公司或依商業登記法以行號登記經營。至於補習班的主管權責歸屬問題，教育部將參考旅遊業、銀行業等登記管理模式，配合修正補習及進修教育法。

而外人於本國設立補習班所提供的服務，將以語言（英語）為主，對於其他項目如（1）升學教育，由於教育體制與國

情之不同，外國業者難以介入。（2）對於國小學童才藝教育的部份，因本國已形成特殊的服務方式，外國業者並無相關業務提供。因此，對於本國的補教業而言，市場實質上儼然已呈開放的的態勢。

（4）自然人呈現

此部份活動如外國人來台教授補習班課程，此狀況已行之有年，將不會有重大改變。

五、教育服務業之輸出

■ 高等教育

（1）跨國提供服務

目前我國學校設立學程，提供外國人遠距教學的服務的活動尚未起步，未來若欲從事此活動，首要之務為替所提供教育服務之定位與發展既有特色。基於全球各地各種多邊及區域經貿組織陸續成立，且為凸顯各經濟區域之產業核心價值與核心競爭能力，所以不同經濟領域應各有其發展特色。為能推廣台灣特色至國際，首先應依據不同之經濟領域特色進行區域經濟群組，再以培植產業與區域互補性觀點，提出我國高等教育相關學門之特色，台灣可於在農業、電子、人文、商學、宗教等領域發展出特色學程，以吸引外國人。

（2）國外消費

對於吸引外國學生來我國就學部份，國內各大學應主動積極赴國外招生，並努力爭取僑生回國就讀，或各大學開設以英語授課之課程，以吸引外國人來台就學，應可舒緩目前技職院校面臨招生不足之窘境，政府亦應研究將相關法規鬆綁，給予學校較大之自主空間，從多元入學方案及招生、學費方面調整經營

策略。另外學校可考慮從招收二十五歲以上非學齡人口及非本島學生等方面著手。但由於本國與外國學制不同，因此招收國外學生來台就讀時，由於學位授予法規定，至少需在國內修滿二年課程。課程銜接的問題，影響了國內學校至國外招生的時機。依據學位授予法以及雙聯學制相關規定，是否能針對雙聯學制給予更多空間，俾使本國學校有相對的利基能與外國學校策略聯盟？此外，學位認證在實務上，除公務人員及教授資格有影響外，國內企業在用人時，多以實質之學習經歷為考量，因此國內學校在開授課程的認證上，是否應給予更多空間？都值得研究。

大陸高等教育仍處於需求遠大於供給^(註二)的情況，所以招收大陸學生來台進修是為另一個利基市場，但目前教育主管機關對大陸學生來台之學歷認證尚未開放，已對招收大陸學生造成相當程度的障礙，且由於大陸學歷未獲得承認，影響他們在台升學及就業權益，來台就讀誘因相對變小。目前陸委會已初步決議，未來對大陸地區人士來台進行學術研究部份的學歷認定，將採較寬鬆及客觀存在的標準予以承認，希望藉此能吸引更多大陸學生來台進修，以加強兩岸之間的學術交流。

（3）商業據點呈現

目前各大專校院至東南亞、大陸地區設置分校上無法源依據，且設校成本相對較高，現階段對學校無相當誘因赴外設立分校。但著眼於大陸廣大的教育服務市場，與語言文化相近的因素，未來教育主管機關對於「我國大學到中國大陸設立分校或教學機構」，建議應修訂『兩岸人民關係條例』加以規範。

（4）自然人呈現

在加入我國WTO之後，全球化已成為產學界中之必然趨勢。在加入WTO前，過去國內學術界早已與各國展開密切交

流，但面對大陸地區，兩岸教師要如何拋開政治的束縛有效地進行交流，是必須面對之議題。未來應研議如何將具競爭力優勢或具學術聲望領域之相關教師、研究人員、學術活動推廣至大陸及國外地區。

■ 成人教育

（1）跨國提供服務

此部份為國內業者利用遠距教學方式對外國人提供教育服務，目前在技術上仍屬起步階段，且未發展出特色課程，此方面暫不討論。

（2）國外消費

教育服務業之蓬勃發展一部份可歸功於留學仲介業之成長，而留學仲介業之盛行則得利於資訊之快速流通、留學仲介業的文宣刊物等招生廣告及該國政府、大學之強力支持。例如：多數的「教育展」即是政府與留學仲介業者協力舉辦。我國補教業是否可往此方向拓展業務，值得深思。

本國補教業之一大利基為提供華語文教育。目前台灣可提供外國學生中文教學的單位只有八個，供不應求，國內業者亦希望可以提供外國人中文教學的課程，但政府卻遲遲不開放此市場。開放補教業者提供外國人中文教學的課程，將可提供更多的機會促進外國學生來台學習中文，並取得中文語文能力檢定之執照證明。同時亦可吸引來自英語系國家之學生在台灣教英文，以配合國內對於外籍教師的需求。

目前大陸已有正式的華語證照制度，但是台灣卻沒有正式的華語證照制度，將影響台灣對外的競爭力。為了提升台灣競爭力，拓展中文學習市場，政府應積極進行並設計台灣華語證照制

度的相關機制。

（3）商業據點呈現

補教業輸出項目由於地理與民情的原因，以大陸地區為主要的輸出地。以項目別來看，將仍以語言為主，目前國內業者至大陸開業，有些失敗而有些營運狀況尚佳，仍要看未來發展的趨勢。在升學教育方面，因升學制度與教材的差異，提供的補教服務無法以教材取勝。補習班的營運與管理，如資訊管理系統的導入，未來可望成為本國補教業輸出的利基。

（4）自然人呈現

國內補習班教師至國外任教應多以教授華語文為主，但因市場不大，人數不多。

值得注意的是，在我國補教服務究竟屬教育活動或商業活動，至今對其仍無清楚的定位，其中更為弔詭的是國外教育服務業者來台之有關活動隸屬經濟部管轄，而國內補教業卻隸屬教育部。因此，多數補教業者認為若能將補教業歸到知識服務業，納入經濟部管轄，將可提升國內補教業之競爭地位。

六、結語

在我國加入WTO後，是否會產生國外學校、補教業者大舉來台，分食國內教育市場的狀況？根據以上分析的結果，作者將持保留的態度。但無可否認地在WTO下將對我國教育市場將造成某種程度衝擊，但也隱含著我國教育服務業發展的機會。在教育服務業輸入的方面，我們應思考要如何引進他國教育的長處及優點，如何避免經營績效不佳的學校潛入，造成經濟的損失與學生的傷害；在教育服務業輸出的方面，我們應重新思考台灣的特色領域，並將我們的優點藉由教育活動，介紹給其他國家的學

生，並同時產生經濟效益。對於我國加入WTO後因應之道，作者提供以下幾點建議：

（一）對教育主管機關

（1）未來應以追求保護學生權益為最大目標下，尊重市場自由競爭機制，以輔導各學校發展為優先，取代強制控管，包括辦理境外推廣教育或設立分校限制法令的鬆綁、校務基金運作空間與彈性規定的鬆綁等。

（2）落實大學評鑑，並定期公布評鑑結果以促使大學經營透明化，爾後由市場機制自然淘汰營運不良的學校，此外評鑑應與與大學發展獎補助連結。

（3）制訂獎勵條款，鼓勵民間出資參與大學建設。

（二）對各大學校院

（1）以自我成長、調整定位、發展特色學程、提昇辦學績效等，作為未來努力之方向。

（2）提昇校務基金運作之效率，發揮資源之最大效益。

（3）校內成立強化募款、招生與對外交流之專責單位。

（4）隨著知識經濟的到來與全球化競爭日益激烈，各大學應嘗試建構國際化的學習環境，並與其他國家的學校進行交流及合作。

（5）配合終身學習社會的到來，各大學校院應積極爭取成人回流參與高等教育的機會。

（三）對於國內補教業

由於過去市場多呈開放態勢，是否加入WTO對其影響程度應不巨大。由於補教業為民間出資經營，彈性較大，可彌補正規教育不足的部份，其所產生之經濟效益應為主管機關所正視，對於正規教育無法提供的部份，政府應開放國內補教業者經營。

　　基於雇主與市場需求對教育服務業具有主導的力量，所以無論是教育主管機關、各大專校院經營者與補教業者等，均需朝此方向來思考未來的出路與發展。最後，在WTO的背後，教育服務是否可純粹視為一項商品？我們應推動教育服務業自由化，讓市場機制自由運作，或是教育事業乃國家發展的基石，應保持其非營利性質與文化傳承的特性，這其中的取捨是在WTO追求自由開放的風潮下值得思考的。

撰文者：羅時芳於交大

註一：目前教育部正在修法取消董事會董事長須為中華民國國籍的規定，但校長仍須為中華民國國籍，外國人擔任私校董事比例不得超過三分之一，且人數不得超過五位的限制。

註二：中國大陸於2002年之高考共527萬考生報考，錄取率為52%。
　　　（資料來源：新浪教育網http://www.sina.com.cn）

三十二、加入環境因素之企業績效評估——一個概念性的架構

一、導讀

　　企業存在的主要目的是獲利，然而，在這個追求利潤以回饋股東的過程中，企業往往忽視了在其營運過程中對環境保護的責任。在本文中，我們將提出一個概念性的架構來評估企業的整體績效，所謂的整體，除了企業在營運過程中一般所謂的營運績效與財務績效外，還包括了環境績效，也就是企業使用自然環境資源及其對環境產生的衝擊。這個評估架構的核心是以效率的觀點，即以投入/產出的關係來衡量公司的價值。藉由這個評估架構，企業本身、投資人及社會大眾可清楚地瞭解企業的整體績效：包括營運能力、財務健全與環境友善等三大面向。我們希望在未來，不同階層的決策者可在這個平台上，使用標準化的資訊來互相溝通並形成共識。

　　本篇文章之英文全文，將刊載於國際期刊：《永續發展》（Sustainable Development）。

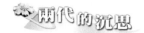

A NEW CONCEPTUAL FRAMEWORK INTEGRATING ENVIRONMENT INTO CORPORATE PERFORMANCE EVALUATION

ABSTRACT

Businesses aim to make profit, but so often they fail to take environmental protection into considerations in the drive to please stakeholders. In this article, a new conceptual framework for evaluating corporate integrated development through the perspective of efficiency (looking at the company' s work value created in terms of input-output) is introduced. Under the proposed framework, businesses, investors and society can conveniently understand and evaluate corporate holistic performance including its operational competence, financial health and environmental friendliness. Therefore, decisions of different levels and groups could be made with programmed consideration on this pure analytical ground.

INTRODUCTION

With the increasing awareness of environmental problems and the demand placed by industrial activities on environmental quality, the control of pollution has become more important for companies than ever. Increasingly protective environmental legislation with an emphasis on conservation and sustainability of our resources are being introduced in most parts of the world. With this trend of global consciousness and behavior to achieve a cleaner earth, the pressure on industries to improve their production processes is tightened accordingly. As a result, enterprises must rethink, and may even have to change their applications completely if the global economy is to become sustainable.

The solution might lay on the cooperation of public and private sectors. Since the private sector will continue to be the major driving force of economic growth, it must take responsibility to implement sustainable practices by becoming more efficient. Furthermore, it is vital to involve a wider spectrum of interest groups in a country' s economic planning. Enterprises, investors, and society must work together to establish and maintain a transparent and efficient market revealing not only a company' s financial performance but also its operational and environmental achievement. Regarding investors, the more they know about a company, the greater their scope of investment choices. In other words, the reporting system has to have an impact on a company' s overall performance.

Nowadays in the beginning of twenty-first century, although we are proud of our advanced technology and modern commerce, the conflict between business profitability and social welfare, a hangover from the last century, has not improved and, in some aspects, is even worse. Our reporting systems for companies' activities are not transparent enough for outsiders to monitor the companies and make their investment decisions accordingly. In the future, the lack of transparency will impede us from reengineering enterprises, which may result in making forecasts that are far too optimistic. Besides, the near-sighted attitude that ecological-innovation is an expense which erodes profit gaining will block the progress. Therefore, we need to make more effort to improve the information transparency through a holistic view in order to enhance the link between economic development and environment sustainability. With many international organizations now adopting foresighted environmental, economic, and social information programs, it seems that the time to implement a long term, holistic approach to corporate-level issues of integrated development is fast approaching.

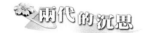

WBCSD proposed the concept of "eco-efficiency," which unites economic and environmental issues. The eco-efficiency formula are represented by dividing product or service value over environmental influence (value per environmental influence). The International Standards Organization (ISO) recommended that an International Standard on Environmental Performance Evaluation (ISO14031) be used to evaluate a corporation's effect on the environment. ISO 14031 can identify relevant trends in a corporation's activity and thus can provide the management with reliable and verifiable information regarding the company's environmental impact.

It is often assumed that environmental and economic considerations cannot be accommodated in a profit driven company's planning. This is because environmental expenditure is often treated as a corporate expenditure. Therefore, this socially aware consideration is usually ignored. To our belief, this kind of emission is actually inefficient, and an improvement in environmental issue leads to a general upgrade in efficiency. Based on eco-efficiency and ISO14031, this study aims to establish an evaluation for environmental protection and corporate profitability from the angle of efficiency. However, we realize that any evaluation system will only be effective if the information provided is user-friendly. Here, users are defined not only as internal business managers, but also as investors, insurers, consumers, and other interest groups.

This work will provide fresh insight on introducing a new framework for the evaluation of corporate integrated development and illustrating its application. There are three sections besides this introductory section. In the following section, we describe the communication challenge of biased information that inspired the new framework. Subsequently, the concept of efficiency is provided and the

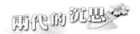

framework for corporate integrated development is introduced. We then discuss future applications to make our framework practical. Finally, the conclusive remark is provided in the last section.

THE COMMUNICATION CHALLENGE

It is undeniable that in the short run, there is a deep-rooted trade-off between the environment and economy for most enterprises. On one side of the trade-off is the demand of environmental soundness arising from stringent regulation, while on the other, we see industry fighting for competitiveness and desperately pursuing a "cheap at all costs" policy. With the argument framed this way, progress on environmental quality is like an arm-wrestling match. One side pushes for tougher standards; the other tries to roll them back (Porter and Linde, 1995). This kind of conflict is caused by various information barriers including personnel, agent isolation, cost, geographical, dissemination and technical language (Alabaster and Hawthorne, 1999). The communication barriers among different groups are the major causes of conflict between duty and desire.

The possible sources of biases, include the availability of information, selective perception and concrete information (Warner, 1997), which clogs communication, are further discussed below:

AVAILABILITY OF INFORMATION

People tend to pay attention to information that is readily available. Some stakeholders, including banks or communities, are very concerned that industry may be harmful to the environment. They make plans and decisions based mostly upon government. However, this well-published or frequently occurring data gathered according to a government'

s specific purpose may not be enough or suitable for their particular needs.

SELECTIVE PERCEPTION

People tend to face problems from the perception of their specific group or cultural affinity. The information is then interpreted through tinted glasses it is distorted. This functionally biased perception results in communication inefficiency. In Figure 1, it can be observed that different groups weight more on the information of their specific function and interest. While individual companies pay more attention to their machines' or employees' work performance, investors tend to focus on business financial performance. Social groups emphasize the living environment, thus a company' s environmental performance is the most important aspects to them. More or less, the groups seem to be in opposition, showing little or no interest in those information not come under their sphere of interest. For instance, the financial sector has been very slow to come to terms with the concept of corporate operational and environmental performance, due to the traditional resistance towards environmental matters and the inability of understanding the relationship between financial earnings and the environment (Cooper, 1999). As to community, the insistence for holy environmentalism often disregards the reality of peoples' needs for economic prosperity. Furthermore, the goals and rewards of particular groups cause them to perceive and interpret information in ways that suit and reinforce their functional thoughts.

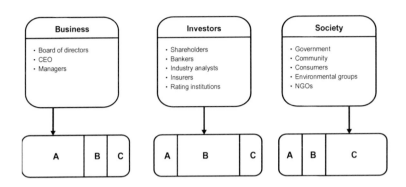

A: Corporate Operational Performance
B: Corporate Financial Performance
C: Corporate Environmental Performance

Figure 1. Bias in information use caused by selective perception.

CONCRETE INFORMATION

A decision, which is supported by verifiable and logical information, is more effective than a decision supported by ambiguous and subjective information. Although the disclosure of corporate environmental reports (CERs) is widely advocated, most reports do not fulfill the needs of corporate integrated information to their stakeholders. Environmental information is plentiful, but is not easily accessed nor readily sought. And when it is, it is often nebulous, scattered, overly technical and biased (Jeffers, 1995). As long as the need for objective, clear and verifiable information is not satisfied, the gap between economy and ecology will become deeper and communication problems will deteriorate.

Corporate integrated development is a view constituting a firm's holistic performance of operational competence, financial health, and environmental friendliness. The aforementioned information gaps and communication problems could only be resolved through a holistic

approach. The three main groups should search for a common ground, namely the "one-stop" reporting system. Information should be put into a format that investors, society, and firms could access to evaluate corporate operational, financial and environmental performance more accurately and more efficiently. Through an integrated evaluation approach, there is great potential for investors and communities to influence the way business operates. Moreover, the changing investment patterns and the reasonable negotiation approaches can be a facilitator for the evolution of a sustainable business cycle.

EVALUATION FRAMEWORK

While many stakeholders see environmental reporting as increasingly important for investment, consumption and other related decisions, the information provided in annual reports falls short of their expectations (Fayers, 1999). For that reason, until there is wide availability of transparent, objective and comparable information presented in an integrated manner, the problem of information asymmetry will continue to exist and the contradiction will remain.

A document that features economic, social and environmental information but does not take any inter-relationships into account is not considered to be integrative (Shearlock, James and Phillips, 2000). Therefore, information should be collected in a systematic way. Properly designed evaluation standards can help policy-makers set industrial upgrading laws, prompt industry restructuring, and trigger the business leaders' logic of process regeneration and product innovation that reduce the total cost and enhance the total value. The appropriate dimensions in terms of managerial and potential application to assess corporate total performance are discussed in this section.

FOUR TYPES OF CAPITAL

Since the advent of the industry revolution, capital for manufacturing such as financial resources, factories, and equipments has become the major input in industrial production. Natural capital, on the other side, is considered as only a marginal input and has largely been ignored. For a long time, natural capital is thought to be irrelevant to an enterprise' s business planning, even though natural capital cannot be produced solely by human activities.

According to Natural Capitalism (Hawken and Lovins, 2000) the traditional definition of capital is accumulated wealth in the form of investments, factories, and equipment. An economy requires four types of capital, namely, human capital, financial capital, manufactured capital and natural capital, to function efficiently. Human capital is usually expressed in the form of labor and intelligence, culture, and organization. Financial capital consists of cash, investments, and monetary instruments. Manufactured capital includes infrastructure, machines, tools, and factories. Natural capital is made of our resources, living systems, and ecosystem services. These four types of capital are not mutually exclusive. Our industries use human, financial, manufactured and transferred natural capital to create the goods that are in common daily use.

EFFICIENCY

We believe that integrated development for business is not a fixed goal, but a process. Therefore, strategies of corporate integrated development initiatives questions not based on morality but on efficiency. Efficiency deals with measuring the performance of firms, which convert inputs into outputs. In managerial application, a firm' s

micro-level data is used for making performance comparisons at higher levels of aggregation.

The concept of efficiency opens up a new way of looking at the company' s work value created in terms of input-output. Through the perspective of efficiency, companies must pursue their manufacturing reengineering in a resource efficient manner that will benefit not only themselves but also all society. Efficient allocation of capital that reflects all input factors should be a major concern of stakeholders for both their present demand and future interest.

FRAMEWORK

To higher-level managers, investors, and society, the evaluation of a facility' s environmental protection activities is emphasized on its total environmental impact, rather than the measurement of certain chemical output. To the same way, evaluation of a company' s overall development should be concerned with the total performance to make good use of every type of resource, including materials, facilities, and financial assets, rather than certain material consumption or a certain accounting expense. Decisions must be made on pragmatic considerations as well as on pure analytical grounds.

Evaluation for overall development requires the integration of a firm' s three basic abilities: operational, financial and environmental management competence, as shown in Figure 2. However, the level of competence cannot be easily observed. Its ambiguous nature must be clarified to enhance our understanding of corporate behavior. Through a systematic view, the procedure of input-process-output-feedback, our problems could be resolved. The four types of resources: human, financial, manufactured and natural capitals that we have discussed in

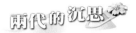

the last section are the corporate inputs. Through business activities, both desirable outputs and undesirable outputs are produced. Desirable outputs could be roughly categorized into real goods such as products and services, and financial gains, like earnings before interest and expense (EBIT). Undesirable outputs are usually pollutions as emissions, wastes and noise. Feedback can be obtained from many output/input ratios. These ratios are the interpretation of firms' three categorized performances: operational, financial and environmental performances that are accessible to all interest groups.

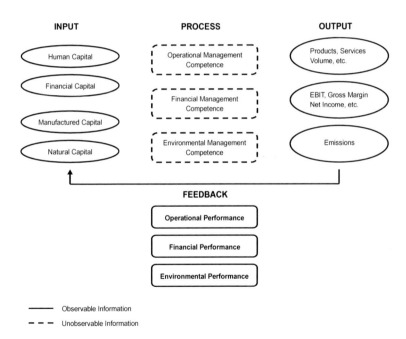

Figure 2. The framework for evaluation of corporate integrated development.

With this framework, we would be in a better position to understand the complex links between firms' operational, financial,

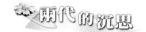

and environmental performance. Relevant policies could then be adopted accordingly. However, it is worth noticing that these efficiency measures can provide a misleading indication of overall productivity when considered in isolation. Banks, shareholders, fund managers, and rating agencies need to take the firms' other performances into investment consideration, so that financial capital allocations can be properly allocated without accounting for the loss of natural and human capital. These institutions hopefully would have a financial system with all values in place, and where nothing is marginalized or externalized. Until now, social or biological values have not fit into today's accounting procedures yet. Information disclosure in the manner of this suggested framework could be provided for references of green accounting and environmental tax reform. This framework is also helpful to the business itself. Companies will look for a balance between revenue and responsibility. They will avoid the disasters caused by narrowly focused eco-efficiency for environment by overwhelming resource savings and by manufacturing larger inappropriate products produced by the incorrect process.

Companies that are moving toward advanced efficiency use of their resources will also discover an unexpected consequence to their allocations. They save energy and money, create competitive advantage, help restore the environment, and they will gain the reputation of 'being a good citizen' into the bargain. To the public, this means that they not only maintain a balance between workers and resource-fed machines, but also create a renewed sense of purpose and mission that is good for our younger generation.

INDICATOR EXAMPLE

Companies, investors and society will require integrated

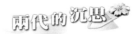

information on a wide range of indicators to monitor and evaluate a firm' s performance. Having discussed the framework of corporate integrated development, we will give some indicator examples. Financial analysis rating of a company' s performance based on traditional criteria as well as on an environmental impact derived from the eco-efficiency approach pioneered by the WBCSD is used. A more detailed input and output data for future indicators are summarized in Table1 and Table2 in the Appendix. The indicator examples for each category are given below:

Operational performance is taken from classical microeconomics concerning total factor productivity. Productivity of labor and manufacturing capital are usually discussed. Examples for operational performance are as follows.

Output value created per employee (Output value/Number of employees)

Output value created per machine (Output value/Number of machines)

Financial performance is extracted from financial ratios in annual financial statements. Commonly used financial ratios can be categorized into five kinds: leverage ratios, liquidity ratios, efficiency ratios, profitability ratios and market-value ratios. Appropriate ratios related to the purport of this study are presented below.

Asset Turnover (Sales/Total assets)
Net profit margin (Earnings before interest and tax/Sales)
Return on assets (Net income/Total assets)
Return on equity (Net income/Total equity)

Environmental performance can be divided into two types. One is corporate ability to efficiently transform natural resources into desirable

outputs, and the other is corporate environmental preventive behavior to effectively cope with their undesirable outputs. Some indicator examples from WBCSD's pioneer researches include.

> *Material consumption efficiency (Tons of material/Units of sales)*
> *Energy intensity (Giga-joules/Units of sales)*
> *GHG emissions (Tons of GHG emissions/Units of sales)*
> *Waste water emissions (Tons of waste water/Units of sales)*

INDICATOR PYRAMID

Indicators, as those discussed, could be employed to assess the condition of a given company to provide an early warning signal of changes in the environment, and to diagnose the cause of a problem. Indicators for business operations, especially, need to capture the complexities of the system, yet remain simple enough to be easily and routinely monitored.

While the interpretation of data is subject to the users' background, the basic constructing principles of an indicator should be established and commonly agreed upon by all information users. Indicators used by different levels of users are quite distinct from information volume and information density as shown in Figure 3. For example, a production line manager may focus on very detailed information of processing, whereas a financial department manager may be concerned with the details of expenditure. However, a CEO just needs the summarized information gathered from different department. Therefore, in this pyramid, indicators used in the same levels are for the purpose of communication, whereas indicators provided by the lower levels to the upper ones should be less complex and therefore more easily understandable and in smaller numbers.

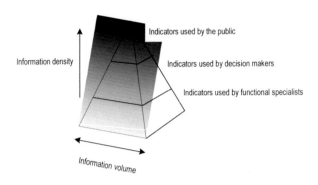

Figure 3. Indicator pyramid.

Managerial decisions should be based on broad consensus and support. However, in the real world, decision makers of higher levels in the company often have highly incomplete information, and limited time and scope of attention. In order to provide a sound basis for decision-making, they have to be informed with general, indicative, sensitive, robust and inter-linkage indicators, permitting them to proceed towards total efficiency.

APPLICATIONS

The introduced evaluation framework for corporate integrated development can be beneficial for our society in the following ways:

TO END CONFLICT

For a long time, the environmental debate has been conducted in an endless cycle. Scientists find another negative human activity that may be harmful to the environment. The business refutes the impact, the community contends for living rights, and the media reports both

165

sides. The issue eventually joins the end of a growing list of unresolved problems, and our society becomes paralyzed. The point is not that one side is right and the other side is wrong, but that both sides are not well informed. It is suggested that the reporting system be constructed with the information available in a clear and understandable way. This means, communication barriers need to be removed and the relationship between business and the environment to be strengthened.

TO IMPROVE TRANSPARENCY

The development of an integrated development system will also contribute to greater corporate transparency and the subsequent re-allocation of capital. This system will enable an organization to monitor and measure its environmental performance in addition to its operational and financial performance. More and more companies will find it increasingly easier to communicate the results to stakeholders. Moreover, reporting is more than records of events that have just happened, it can be a yardstick for future actions. It is the question about what information should be reported and analyzed in order to get the company to enhance its performance according to the indicator pyramid. With the proper indicators, all interest groups can determine the extent of corporate development and put pressure on corporations to improve their holistic performance.

In addition, the Internet provides opportunities for the accessing information and joining in the decision-making process. Corporate performance could be shown, either voluntarily or through legislation, as on-line information. The Internet service can help accelerate the transparency of corporate, both from the environmental and financial aspects.

TO PREDICT INDUSTRY RESTRUCTURE

Through the proposed framework, one can easily identify whether an industry is labor or energy intensive. For the newly industrialized countries, the indicators provided can help the government to set a correct industrial policy. For example, when and to what extent to provide subsidies or tax incentives to certain industry. Also, those industries with poor environmental records will naturally be eliminated from the pressure of information disclosure. Changed investment patterns can make a significant contribution towards achieving a sustainable economy from financial prospects. Companies that value the sustainability concepts and are proactive to allocate capitals efficiently will be competitive and give greater priority to public awareness and stricter environmental protection laws in the next decade.

TO ADVANCE ECOLOGICAL-INNOVATION

Ecological innovation includes the development and implementation of new products, new markets and new systems (Blattel-Mink, 1998). In the past, ecological-innovation is thought to be costly in monetary terms rather than its internal and external created utilities. However, there is evidence that a normative conflict of objectives between economy and ecology does not exist in ecologically innovative companies (Blattel-Mink, 1998) that combine innovations in business practice and in public policies. Once the evaluation system introduced in this paper is established, companies may be inspired to become ecological-innovative, and those companies, which are dynamic and innovative, will survive and eventually become the winner if the integration of economy and ecology becomes a key factor of competition.

CONCLUSIONS

This paper combines corporate operational, financial, and environmental performance in a systematic way. The results could be used as a base for the development of a comprehensive corporate integrated evaluation system. However, the reason for introducing this framework is not to create more indicators. On the contrary, we plan to use the internationally recognized evaluation systems to establish a level playing field for pro-business and pro-environment interests to play on.

Ultimately, the objective of corporate existence is profitability rather than cost saving. The cost concept should be reviewed by the injection of environmental concern and holistic consideration. The struggle between short-term cost declining and long-term profit rising can be relieved by seeing things from a broader prospective. Before everybody learns to think long-term, some legislation forcing business to disclosure its overall performance cannot be avoided. After all, the old cliche that 'we just have one earth' is so real and urgent it cannot be ignored.

For decades, environmental issues have been swept beneath the carpet in our race to build commercial empires. Traditional business management see environmental issues as a one sided argument promoted by ecologists and environmentalists. However, no one, not even management, can deny that our resources are being exhausted due to ours' inefficient and ignorant use. Although corporate integrated development is generally considered costly and impractical, if introduced in the way presented in this article, we believe that it can become an integral part of the way business is done. Charles Handy (1997) stated:

"The great excitement of the future is that we can shape it."

The bridge linking business and the environment is to search for a common interest and to build on that common ground. The framework for corporate integrated evaluation is a game worth playing. Through it, a well-informed public and a responsible corporate community can work in partnership to restore and protect our precious natural heritage.

REFERENCES

Alabaster T, Hawthorne M. 1999. Information for environmental citizenship. Sustainable Development 7: 25-34.

Blattel-Mink B. 1998, Innovation towards sustainable economy: the integration of economy and ecology in companies. Sustainable Development 6: 49-58.

Cooper R. 1999. UNEP's financial initiative. Industry and Environment Review (UNEP TIE) 22:13-14. http://www.epa.vicgov.au

Fayers C. 1999. Environment and investment: the role of personal investment choice in creating sustainability. Sustainable Development 7: 64-76.

Handy C. 1997. Finding Sense in Uncertainty: Rethinking the Future. Nicholas Brealey Publishing: London; 16-33.

Hawken P, Lovins A, Lovins L H. 2000. Natural Capitalism: Creating the Next Industrial Revolution. Back Bay Books: Boston; 4.

Jeffers J. 1995. Opening remarks at the environment maze seminar, New Castle upon Tyre.

Porter M, Linde C. 1995. Green and competitive: ending the stalemate. Harvard Business Review 73: 120-134.

Shearlock C, James P, Phillips J. 2000. Regional sustainable development: are the new regional development agencies armed with the information they require? Sustainable Development 8: 79-88.

Warner M. 1997. The Concise International Encyclopedia of Business and Management. Thomson Business Press: London; 147-148.

World Business Council for Sustainable Development (WBCSD). 2000. Measuring Eco-Efficiency: A Guide to Reporting Company Performance. http://www.wbcsd.org

撰文者：羅時芳於交大

國家圖書館出版品預行編目

兩代的沉思 / 羅星珞等合著. -- 一版

-- 臺北市：秀威資訊科技, 2006[民 95]

面 ； 公分. -- 參考書目：面

ISBN 978-986-7080-06-6(平裝)

078 95000937

 語言文學類　PG0088

兩代的沉思

作　　者 / 羅星珞等合著
發 行 人 / 宋政坤
執行編輯 / 李坤城
圖文排版 / 莊芯媚
封面設計 / 羅季芬
數位轉譯 / 徐真玉　沈裕閔
圖書銷售 / 林怡君
法律顧問 / 毛國樑　律師
出版印製 / 秀威資訊科技股份有限公司
　　　　　台北市內湖區瑞光路 583 巷 25 號 1 樓
　　　　　電話：02-2657-9211　　　傳真：02-2657-9106
　　　　　E-mail：service@showwe.com.tw
經 銷 商 / 紅螞蟻圖書有限公司
　　　　　台北市內湖區舊宗路二段 121 巷 28、32 號 4 樓
　　　　　電話：02-2795-3656　　　傳真：02-2795-4100
　　　　　http://www.e-redant.com

2006 年 1 月 BOD 一版
定價：220 元

讀者回函卡

感謝您購買本書，為提升服務品質，請填妥以下資料，將讀者回函卡直接寄回或傳真本公司，收到您的寶貴意見後，我們會收藏記錄及檢討，謝謝！
如您需要了解本公司最新出版書目、購書優惠或企劃活動，歡迎您上網查詢或下載相關資料：http:// www.showwe.com.tw

您購買的書名：_____

出生日期：_____年_____月_____日

學歷：□高中 (含) 以下　　□大專　　□研究所 (含) 以上

職業：□製造業　□金融業　□資訊業　□軍警　□傳播業　□自由業
　　　□服務業　□公務員　□教職　　□學生　□家管　　□其它_____

購書地點：□網路書店　□實體書店　□書展　□郵購　□贈閱　□其他

您從何得知本書的消息？

　□網路書店　□實體書店　□網路搜尋　□電子報　□書訊　□雜誌
　□傳播媒體　□親友推薦　□網站推薦　□部落格　□其他_____

您對本書的評價：(請填代號　1.非常滿意　2.滿意　3.尚可　4.再改進)

　封面設計____　版面編排____　內容____　文／譯筆____　價格____

讀完書後您覺得：

　□很有收穫　□有收穫　□收穫不多　□沒收穫

對我們的建議：_____

_____

_____

_____

11466
台北市內湖區瑞光路 76 巷 65 號 1 樓
秀威資訊科技股份有限公司　　　收
BOD 數位出版事業部

....

（請沿線對折寄回，謝謝！）

姓　　名：＿＿＿＿＿＿＿＿＿　年齡：＿＿＿＿　性別：□女　□男

郵遞區號：□□□□□

地　　址：＿＿＿＿＿＿＿＿＿＿＿＿＿＿＿＿＿＿＿＿＿＿＿＿＿

聯絡電話：(日)＿＿＿＿＿＿＿＿＿＿＿　(夜)＿＿＿＿＿＿＿＿＿＿＿

E - m a i l：＿＿＿＿＿＿＿＿＿＿＿＿＿＿＿＿＿＿＿＿＿＿＿＿＿